子どもがのびる

保育45のことばかけ

1歳からの発達に応じた関わり方

公益社団法人発達協会常務理事
関わりことばの会代表

湯汲英史【著】

Eishi Yukumi

合同出版

この本を読むみなさまへ

「自分で考え・判断し・行動できるようになること」。

子どもの心身の成長・発達をサポートする保護者・保育者の多くが、それを目的として据えていることでしょう。それは「自己形成」ともいいます。自己形成が十分でないと、自分で自分のことが決められません。

自分自身の考えがはっきりしだすのは、12〜13歳ごろ、第二次反抗期あたりとされます。自分なりの考えをもとに、まわりの人からのアドバイスを得ながら、将来の方向性を決めていく時期がスタートするのと同時期のことです。適切な判断ができない、あるいは自分の判断に自信が持てないために、集団行動がとれなかったり、仲間とのいさかいが絶えない、あるいは大人に反抗的な態度を取ったり、無意欲、無関心を示すこともあります。不登校や引きこもり状態になる子どもたち、青年たちもいます。

自己形成を促すには、幼児期からの適切なことばかけが不可欠です。子どもは周囲からのことばかけによってことばを獲得していきます。子どもが自分で判断力を身につけるための45のことばかけを実例をあげて紹介しました。

子育て中の保護者、保育士のみなさんが日常の子どもたちとことばによるふれあいに役立てば幸いです。

発達協会常務理事・関わりことばの会代表　湯汲英史

もくじ

第1章 子どもが判断力を身につけるための45のことばかけ

1歳ころから

2歳ころから

3歳ころから

4歳ころから

5歳ころから

6歳ころから

第2章

こんな子にはどうする？ 26のエピソード

第1章

子どもが判断力を身につけるための45のことばかけ

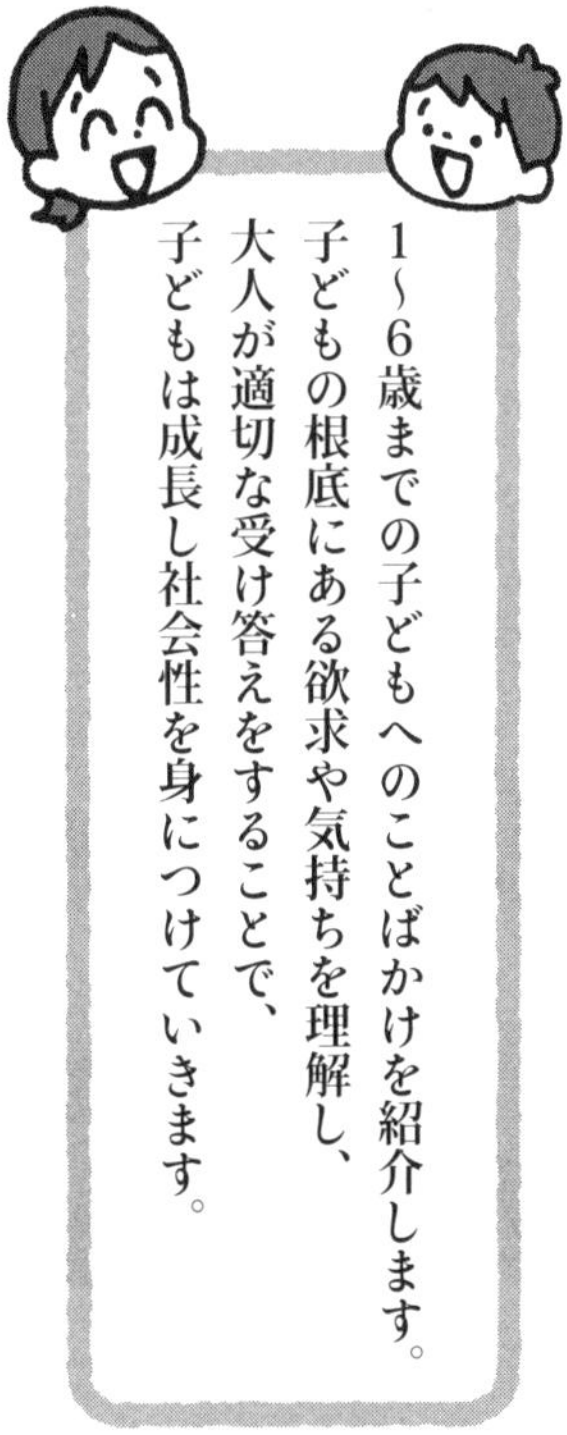

1～6歳までの子どもへのことばかけを紹介します。
子どもの根底にある欲求や気持ちを理解し、
大人が適切な受け答えをすることで、
子どもは成長し社会性を身につけていきます。

1

だいじ・大切だよ

ものとの関わりを丁寧にする

理解するのは 1歳ころから

子どもは大人から、人やものは「だいじ」あるいは「大切」と教わる必要があります。それを教わることで、ほかの子どもと仲良く関われるようなります。またものの扱いも丁寧になります。

取り合いと噛みつき

子ども同士がものの取り合いをした際などに、相手を噛むことがあります。噛む姿は、1歳台から2歳はじめころまで見られます。「貸して」という**ことばがまだ使えない**ために、力での勝負となってしまうのかもしれません。

友だちを噛んだときに、大人は**「お友だちはだいじ（大切）！」**と注意したりします。それをくり返し聞くうちに、また「貸して」など言えることばも増えていき、いつの間にか噛む姿は消えていきます。

3歳台から使いはじめる「だいじ（大切）」

ことばを覚えはじめるころの子どもは、「ワンワン」という音を聞くと真似します。しかし、「お友だちはだいじ（大切）！」と言われても、真似して言うことはありません。しかし、2歳になるまでの子どもの耳にも**「だいじ（大切）」ということばを届けておかなければいけません。**

ことばを覚えはじめるころから人やものが「だいじ（大切）」であることを学んだ子どもは、3歳ごろから「ママは大切なんだよね」とか「これはだいじだから、上に置いて」と話すようになります。そして、こう話すようになれば、**人やものとの関わり方は丁寧なものになっていきます。**

もし3歳をすぎても、まだ「だいじ（大切）」を学んでいないようでしたら、折に触れて話しかけます。また「だいじ（大切）」と子どもに言わせ、言えたときにはほめましょう。

乱暴できなくなる子ども

小学校に入る前後に、乱暴と問題視された子に「どうしてほかの子を叩いてはいけないか」と聞きます。それに対して、「いけないことだから」「痛いから」と、道徳や共感の理由づけをして、一見正しい答えを返してくることがあります。

しかしこの返答では、その子が**乱暴がいけない理由をほんとうに理解しているか**が疑問です。大人から叱られるときのことばを反復しているだけだったりします。それでは、乱暴な振る舞いは止まりません。

「友だちはだいじ（大切）だから」という根本的な理由がわかっていないからです。乱暴する子には、「お友だちは？」と質問し、「だいじ（大切）」と言わせた後に、**「そうだね。だいじ（大切）だよね」**と話します。このことを理解すれば、乱暴できなくなっていきます。

なお、大人は子どもを「だいじ（大切）」に育てる必要があります。**自分がだいじ（大切）にされたという記憶のない子どもは、人やものとどういう関わり方をすればよいのかわからなくなってしまいます。**

2

大丈夫

子どもの意欲を高める

理解するのは
1歳ころから

子どもは非力です。自分で自分のことを守ることもできません。一方で、いろいろな新しいことに挑戦して、学んでいかなくてはいけません。

子どもに、取り組もうという意欲を与えるのが周りの大人からの「大丈夫」の声かけです。それは、失敗を慰めることばでもあります。

温室のような環境が乳幼児を成長させる

保育園の巡回相談へ行くと、午前中は極端に状態の悪い子がいます。反抗的、ぐずる、泣くなど、自分の生理的な状態をストレートに示します。午前中に不機嫌な子は、お腹がすいていたり、眠たい可能性があります。眠たいのは、夜遅くまで起きているからでしょう。

幼児期の子どもの脳は、大人の想像以上のスピードと内容で、形成されていきます。**脳の成熟のためには、大人からの関わりとともに、十分な栄養と休息が必要です**。とくに睡眠は、脳の成熟にとって重要と考えられています。

生活リズムの安定は、子どもの心身の健やかな成長を促し、情緒を安定させる効果があります。**安定した生活は「つまらない」と思うのは大人の見方**です。子どもの成長には、温室のような生活が必要です。行動に問題を抱える子どもについても、まずは生活リズムを調べるとよいでしょう。そこに問題がある場合は、どうやったら改善できるかを考え、実行していきます。

家庭環境と子どもの発達

乳幼児期にも、不安や心配の感情があります。とくに、養育者の夫婦関係をはじめとする家庭環境は子どもに影響を与えます。ＤＶや離婚など、ことばの力が未熟な子どもには理解できないことでしょう。そんなときこそ、「大丈夫」という声かけが子どもには必要になります。

「大丈夫だよ」と仲間を励ます子

一般的な不安や心配などは4歳ごろから、はっきりとしてきます。「大丈夫」ということばは、そうした気持ちを軽くし、そのことばを聞くことで、挑戦しようという気持ちが強まるはずです。

幼児期ではあまり見られませんが、仲間に「大丈夫だよ」と励ます姿を見せる子がいます。スポーツなどでチームメイトが失敗したときなどに、ほかのメンバーが「ドンマイ（don't mind）」と声かけするのも同様です。「気にするな、大丈夫」の意味で使われています。

励まされた子は、気持ちを立ち直らせ、再挑戦への意欲を高めます。**仲間を励ませる子は、きっと、それまでたくさん「大丈夫だよ」ということばをかけてもらった体験のある子**でしょう。

◆育ちの過程における「不安」の現れと対処の変化

8カ月ころ	人見知り（見知らぬ人への不安）が始まる。
10~12カ月ころ	物や場所への「見知り行動」が始まる。不安を解消してもらった経験を重ねることで、人への信頼感が育ち、愛着関係が築かれる。
2歳ころ	経験から不安を感じる。たとえば、ホールで節分の鬼を見たあとは、ホールに行くことをいやがるなど。「大丈夫だよ」という大人からのことばかけで「守られている」ことを確かめる。
3歳ころ	ことばで不安を解消しようとする。「おばけなんていない」などと自分で口に出して落ち着こうとする。大人からの「大丈夫だよ」ということばは、このころも有効。
4歳ころ	心の中に不安が生まれる。見えないものに対しても「なんとなく不安」という感情が出てくる。不安を避けようとし始める。
5歳ころ	不安を避けるために備える行動が見られる。「翌日の遠足に遅刻しないよう、早く寝る」など、失敗をしないように備えることもし始める。
6歳ころ	不安を共有し、安心を得ようとする。たとえば友だちと手をつないでおばけ屋敷に入るなど、あえて不安を発生させ、共有することで、お互いの心の中に不安があることを確認し合う。

3 そっとね

自分をコントロールする

理解するのは
1歳ころから

人やものを丁寧に扱うように教えるときに、「そっと」ということばを使います。力を加減するときは社会脳とされる前頭前野が働いているとされます。

自分を抑制できる力は、社会の中で生きていくときに欠かせない能力です。「そっと」は自制心を教えてくれます。

大切な抑制力

子どもは興味をもったものには、衝動的にさわりたがります。衝動的なこともあって、その扱いはしばしば乱暴だったりします。その子どもが成長するにつれ、じょじょに自己抑制力を高めて人やものに対して、丁寧に関わることができるようになります。

幼い子どもにとって、**自分で自分をコントロールできるようになることは大切な力**です。その力が身につかないと、たとえば学校に通うようになってから勉強や活動で集中・持続できないなどの問題が起こる可能性があります。

人との関わり方でも大切

ほかの子を、不必要に強く叩く子がいます。本人に悪気はなくてもトラブルの原因になります。強く叩く子は、まわりから「そっと」を教わってこなかったのかもしれません。だから、**適度な強さ**がわかっていないのです。折々に「そっと」と話しかけ、関わり方を教える必要があります。

4 トントンね

不安な気持ちをとりのぞく

理解するのは 1歳ころから

子どもの寝つきがわるいときに、トントンと体を叩きます。子どもはそのトントンされることに気持ちが向き、その心地よさのうちに興奮した心身を抑制させて、いつの間にか眠りにつきます。

「トントンね」と言われて、やさしく体を刺激される経験を通して、子どもは守られているという思いを強めることでしょう。子どもの側から「トントンして」と要求する場面も出てきます。

無防備の不安さを取り除く

子どもの育て方には文化によって違いがあります。寝かしつけ方はその一例で、乳幼児期から個室で寝る習慣の中、泣いても構わないという文化があります。一方で、日本ではトントンしながら寝かしつけることが多いでしょう。

眠るということは、人間にとってはとても無防備な状態になることです。子どもがなかなか寝つけないのは、そのことを意識しているのかもしれません。子どもの**不安な気持ちを取り除く一つの方法**が、トントンなのでしょう。

心も体も安定するタッチの効果

なでることが、寝かしつけに有効な子もいます。さわること（タッチ）の効果は、いろいろと挙げられています。とくに、「さわり／さわられる」関係には**信頼感がベース**になくてはならないとされます。信頼する人からやさしく触れられることで、興奮状態が和らぎ、**心身が抑制され安定した状態になる**のでしょう。

5

お外にいくよ

気分転換する

理解するのは
1歳ころから

赤ちゃんの泣きを止めるときに、外歩きをすることは有効です。

外には、赤ちゃんの気持ちが向く、においや風、光などさまざまな刺激があります。新しい刺激が赤ちゃんの気持ちを変え、泣きをしずめます。

千差万別の子どもたち

たくさんの子どもたちと出会ってきましたが、子どもは、一人ひとり個性的です。性格や、もって生まれた気質、物ごとへの「好み」も異なり、刺激に敏感な子もいれば、鈍感な子もいます。静かな子もいれば、よく泣く子もいます。

切りかえがスムーズにいかない子の場合、**いろいろなことを試しながら、気分転換に何が有効かを知る**必要があります。

外出するのは、多くの子に有効な手段です。北欧やロシアなどでは、氷点下のときにも赤ちゃんを乳母車に乗せて外にでるそうです。

逆に閉じこもってばかりいると、それが子どもにとってストレスになるのではないかとも感じます。外に出て、子どもにいろいろな刺激に触れさせ、また体を動かす機会を与えます。

6

いたいの　いたいの　とんでいけ

心と体の痛みが和らぐ

理解するのは
1歳ころから

子どもが痛そうに泣いていると、大人は目を向けます。その痛みをとろうとし、「いたいの　いたいの　とんでいけ」と言いながら、さすります。

人は、さすることが痛みを物理的にも心理的にも和らげるのを知っているからでしょう。こうした体験の積み重ねで、子どもはまわりから守られていることを実感していきます。

「手当」という行為

お腹が痛いときに、自然とそこを手で触ります。人が痛がっていると、痛みの部位をさすったりします。手を当てると、痛みが和らぐという実感があります。手当の意味には「処置する、準備する」があります。痛みがひどくならないようにと手を当てることは、人にとってきっとよい効果があるのでしょう。

痛みは不安な気持ちを起こす

痛みは、生きものの生存にとって危険な要素です。痛みを抱えて動きが鈍っている動物は、捕食される可能性もあります。人とはいえ**小さい子は対応もわからず、大人よりも痛みには敏感**で、またそれが起こると不安にもなるでしょう。

その痛みを心配し、実際に取り除くために関わってくれる**大人は、頼りになる存在**と思います。そういう大人が何人もいれば子どもは安心できます。

7

手はおひざ

じっくり見る力をつける

理解するのは
1歳ころから

待つ力は、子どもの成長にとって非常に大切なものです。また、子どもが待てるようになると、育児がとても楽になります。

ですが、それを身につけるには、「待つ」ことを根気よく教える必要があります。

待つことと「観察学習」

落ちつきのない子どもは、おもちゃであそぶときなどに、大人のやることをちゃんと見たり、じっくりと話を聞くことが苦手です。そのために中途半端に理解し、失敗することが多くなります。そして**失敗が多くなれば、自信も意欲も失くしてしまいがち**です。

じょうずにできるようになるためには、**人のやることを、しっかりと見たり聞いたりする必要**があります。こういう学習の仕方を**「観察学習」**と呼び、学びの際には欠かすことができません。きちんと待ちながら観察学習できる力が育っていないと、人から教わることがむずかしくなります。「手はおひざ」は、観察学習へと導くことばでもあります。

観察することで考える力も

待てるようになることで、観察しながら自分で考える力も育ちます。幼いころは長い時間待つことは無理です。成長とともに待てる時間が延長していきます。

8

泣くのはおしまい

感情を適切に表現する

理解するのは
2歳ころから

「泣くのはおしまい」は、気持ちに区切りをつけさせることばのひとつです。

子どもは、おおむね感情の起伏が激しく、自分で自分の気持ちをコントロールできなかったりします。そういうときには、気持ちの切りかえを促すことばが必要です。

感情のコントロールをいろいろな機会で教えたい

子どもは、いろいろな場面で自分の気持ちを表現します。ときには、まわりに受け入れられるレベルを超えて、泣き叫ぶ姿で表現することもあります。

こういう子どもに対して大人は、3歳前後から**「泣くのはおしまい」「泣かないで話して」「話してくれないとわからない」**と語りかけます。感情のコントロールの大切さを教えだすともいえます。そういう働きかけによって、子どもは適切な表現の仕方を学んでいきます。

感情のコントロールは一生のテーマ

子どもの成長過程において、感情のコントロールは重要なテーマです。とくに思春期は、イライラしたりして自分の感情に振り回されそうになったりします。人間にとって、自分の気持ちをコントロールすることは一生を通して続くテーマなのです。

9 おうたしよう

沈んだ気持ちから切りかえる

理解するのは
2歳ころから

子どもは成長の過程で、自分の感情をコントロールできるようにならなければいけません。怒りや悲しみの気持ちはとくにコントロールできなくてはいけません。

たとえば機嫌が悪いときに「おうたしよう」などと語りかけることで、気持ちを切りかえる力を身につけさせます。

泣けなくなる子ども

赤ちゃんのころは、子どもは泣いて要求します。それが、だんだんと感情のコントロール力がついてきて、泣かなくなり、6〜7歳になると「泣くのははずかしい」と思いはじめます。子ども同士も「泣く子は赤ちゃん」という感覚からか、泣くと「すぐに泣く〜」と仲間に言われ、いっしょに行動することをいやがられるようにもなります。そうすると、「泣けなく」なっていきます。また、ことばの力がついてくるので、泣くことではなく**「話すこと」で表現できるようになる**ことも関係します。

場面の切りかえに弱い子ども

2〜3歳ごろに、場面の切りかえに弱く、新しいことに直面するたびにぐずる子がいます。こういう子は**気分転換が苦手**なことが多いようです。そんな場合は、**気持ちが楽しくなるようなことで気分転換**をうながします。「うたを歌う」もその一つです。子どもによっては、**「ダンスをする」「お外に行く」「体操する」**などが、気分転換となることもあります。

大人は、いろいろな体験を通して、場面の切りかえに慣れてきました。切りかえがうまくできないようでは、学校や職場で適応するのはむずかしいからです。しかし子どもは、場面の切りかえに慣れていません。

また子どもは、日々、さまざまなはじめての体験に直面しています。そのために、しり込みしたり、不安になってもおかしくありません。子どもにとっては、未体験かそれに近い場面が多いと理解し、場面と場面の間に「うたを歌う」など、楽しい「インターバル」を入れてみましょう。

感情のコントロール力と社会性

「泣いてばかりではわかりません」「静かに話して」「泣かないで、ことばでいって」と、3歳前後から大人は子どもに働きかけます。このことで、子どもの**気持ちのコントロール力を高め**ていきます。感情のコントロール力ですが、大人になるまで、あるいは大人になってからも重要なスキルとなります。人は3歳前後から、自制心をつけるための道を歩みはじめます。

気質からくる場合もある

なお、人にはもって生まれた気質があります。泣き虫の子はそういう気質を持っている可能性があります。**気質は変えられません**が、さまざまな体験を積みながら、じょじょに必ず自制できるようになります。気長に見守ってください。

10

あとでね

子どもは衝動性が高く、なにか興味をもったことには、今すぐにやりたくなるものです。しかし、いろいろな事情があり、その瞬間に子どもの要求を叶えられないことはよくあります。

このときに子どもの気持ちを切りかえさせ、「あとで」と言われてがまんできるようになるのは、先のことをイメージできるようになった証しともいえます。

がまんを覚える

理解するのは
2歳ころから

すぐには手に入らない

2～3歳ごろの子どもは、「あとでね」と言われると、今すぐでなくても仕方がないと思うのか、あきらめられるようになります。子ども自身は、**「延期」のつもりで理解し納得しているのかも**しれません。自制心が働き、待てるようになったともいえます。一方で、**大人は子どもに「忘却」を期待しています**。

4～5歳ごろになると、今すぐには手に入らないとわかると、「ではどうやったら手に入れられるようにしたらいいのか」と、その方法を考えられるようになります。すぐに手に入らないことと、考える力にも関係がありそうです。

「あとで」で待てるのは信頼感

「あとで」と言われて納得できるのは、**大人と子どもの間に信頼感がある**からでしょう。その信頼感があることによって、大人のことばが子どもに届きます。

このことはほかのことばについても、おなじことがいえます。安定した関係を結ぶには、幼いころから**子ども相手にもきちんとルールや約束を守る**ようにしておきます。

11

□□をしたら、○○ね

ルールを身につける

理解するのは
2歳ころから

「□□をしたら、○○ね」と言われながら、子どもは自分の気持ちを抑制し、行動することを学びます。

こうしたやりとりは、人生のはじめのころに理解できるルール（規則）として機能し、発達していくとより高度な「約束」もできるようになっていくのです。

社会は見えない多くのルールで動いています。初歩のルールも、社会に存在するルールの理解につながっていきます。

●ルールの理解

ルールは目で見ることができません。「□□をしたら、○○ね」は約束であり、お互いで決めたルールでもあります。見えないルールは子どもにはわかりにくいものですが、偏食をなくすときに使う**「□□を食べたら、○○あげるね」**は子どもにも理解しやすいルールです。

子ども同士が互いに簡単なルールを守りながらあそべるようになるのは3歳半ばころです。

10人や20人で、「フルーツバスケット」や「椅子取りゲーム」であそべるようになるのは、4～5歳です。多人数であそぶゲームは、すべての子どもがルールを理解していなければ成り立ちません。

そのころになれば、子ども同士で形成する仲間関係にも、話し合いのルールやあそび方のルールなどが、はっきりと現れはじめます。

◆ルール理解の発達ステップ

2歳前後	「貸して」「ちょうだい」など尋ねることば（しぐさ）でコミュニケーションをはかる
2歳ころ	「□□をしたら、○○ね」など関係づけのルールに従う
5～6歳ころ	「年寄りに席を譲る」など道徳的なルールを理解し自分の判断基準に取り込む
8～9歳ころ	仲間同士の規律を理解し自分の判断基準に取り込む
10～11歳ころ	係活動など集団のルールに従い自分の役割を果たす
13～14歳ころ	法律や「世間の常識」を理解し自分の判断基準に取り込む

ルールを理解することで社会化が進む

学校に行くようになれば、「廊下は歩く」「朝は決められた時間に登校する」ほかにももっとさまざまなルールと直面することになります。**ルールを理解し、守ろうという意識が弱いと、学校での適応がむずかしくなります。**

なお、暗黙の了解では理解しづらいルールは、**子どもの理解に合わせた配慮が必要**となります。たとえば、ルールを**絵解きする、標語にして文字化する**などの工夫をして、子どもの理解を促します。

一方で、社会のルールは見えないことが多く、しかし守ることを要求されます。見えないルール、つまりは法律や「世間の常識」がわかりだすのは、13～14歳とされます。2歳前後から進むルール理解ですが、大人のような段階になりだすのは思春期以降となります。

ルールを破る子ども

子どもはあそびのルールを勝手に変更します。それが仲間同士の争いになったりします。ルールを破ることもあります。ルールの意味を問い直したり、ルールにとらわれすぎないことは、**新しい世代の新ルールをつくり出すには必要な力**なのでしょう。

12

いってきます

いってらっしゃい

自分と他者の違いがわかる

理解するのは
2歳ころから

人にお菓子を「あげる」、お菓子を人から「もらう」ということばですが、おなじ場面なのに、自分と相手という立場の違いによって使うことばが違います。

自分と他者の違いを意識できるようになったことで、使い分けができるようになると考えられています。

あげる－もらうの関係とことば

人の社会は、人から何かをもらったり、人にあげたりするシチュエーションがよくあります。たとえば、宅急便で何かが届くと、幼い子どもは玄関に走って行ったりします。人から何かをもらうことがとてもうれしいのでしょう。また、ものを送ってくれる人とつながっていることで、安心するのかもしれません。

「あげる」「もらう」というやりとりとともに、ことばを理解することで、人と人の関わり方を学んでいきます。

あげて誇らしい

子どもは、はじめのころは自分の所有物を人にあげることをいやがります。「16 はんぶんこして」も、はじめはできないか、いやいやあげる子がほとんどです。

しかし、「あげる」という行為をくり返すうちに、**少々誇らしげに人にあげられるようになってきます**。内心では、あげられる自分のことを、お兄さん、お姉さんになったと実感しているのかもしれません。

13

できたよ！ 見て！
じょうずだね

認められたい気持ちにこたえる

理解するのは
2歳ころから

子どもは自分の好奇心に応じて、いろいろなことを学びたがり、挑戦します。そして、なにかができたときに、「できた！」「見て！」と大人に言います。

そこで大人が「できたね」と返すと、子どもの認められたいという気持ちが満たされます。

子どもは自分の成長を実感し、喜びます。その喜びは、知りたいという気持ちをさらに高めます。

「できた」と社会的承認欲求

子どもは、できないことでも、できるようになるために、自分なりに工夫し、挑戦していきます。こういった姿は「自分で！」と主張しはじめる、2歳前後から見られるようになります。

それを聞いて、大人は**「できたね」「じょうずだね」「お兄さんだね」「お姉さんだね」**などと言って、子どもの**認められたい気持ちにこたえます**。子どもの、この人から認められたいという気持ちを「社会的承認欲求」ともいいます。

承認されたいという気持ちは、子どもだけでなく大人にもあります。仕事などで人から承認されないと不安になり、ときには不満が積もったりします。このことは子どももおなじです。まわりから承認されることで**子どもは満足し、成長を進めて**いきます。

社会的承認を得る体験からは、人として**求められている話し方や行動を学ぶ**という効果があります。子どもは「じょうずだね」などと承認されることで、自分の行ないが適切であることを学び、何を求められているかを考えます。社会的承認は、子どもの自己形成や社会化を促します。

何を求められているのかがわからない子ども

「できた」の報告には、「じょうずだね」などの大人からの評価を期待していることがうかがわれます。いうまでもなく子どもは、白紙のような状態で生まれてきます。そして、生まれた場所、地域で期待される「振る舞い方」を学ばなくてはいけません。「できた」という報告は、期待されている振る舞い方を効率的に学ぶ方法でもあるのです。もしも「じょうずだね」と承認する人がいなければ、子どもはまわりから何が求められているかがわからず、混乱することでしょう。

「できた」と言わない子

自分でできるようになるために挑戦しているときは、**すこし手伝いながらも口出しはしない**ようにして見守りましょう。自立に向かう子どもの当たり前の姿だからです。もしも子どもが一人ではできないときには、**「『教えて』とか『手伝って』と言うんだよ」**と伝えます。

「できた！」「見て！」と言わない子もいます。男の子に多いようです。そういう子どもにも、**「できたね」「できたと言ってね」**と声をかけ、言葉が出ることを促します。人に、**助けを求めるときに使うことば**を教えます。こういうことばを知らない、あるいは使わない子どもは、自分だけでは解決できない場面で立ち往生しがちです。また、こういう区切りをつくり、承認されることの喜びを教えていきたいものです。

子どもを認める習慣

子どものできたことを認めるのが苦手という大人もいます。おえかきをしていた子どもが「できたよ」と報告してきたので、見てみると、床や机にクレヨンがはみ出し、しかもクレヨンが散乱しているということもあります。ほめるよりも先に、怒りの気持ちがこみ上げてきそうになることもあるでしょう。

そんなときでも、幼児期の子どもは、まずは認めることが第一です。はみ出したことなどには、しばらく注意しないよう、やはり「できたね」というメッセージで返しましょう。子どもの描きたい気持ちを伸ばしたいからです。

子どもを認めることが、**大人と子どもの関係を深める**のは確かです。認めることが、はじめは苦手でも、くり返すうちに慣れてきます。そのうちに、子どもを認めることが実は大人にとって自分自身を認めることにつながることがわかってきます。

14

お兄さん お姉さんになったね

年相応の成長を実感させる

理解するのは 2歳ころから

大人への道を歩んでいる子どもにとって、自分自身の成長を実感させてくれるのが、大人からの「お兄さん／お姉さんになったね」などの声かけです。このことばによって子どもは、お兄さん、お姉さんになっていることを誇りにも思うことでしょう。

一方で、大人は「年相応かどうか」のものさしで、子どもの振る舞いの良し悪し、出来不出来を判断します。年齢よりも幼い振る舞いであれば注意します。年齢よりも年上の振る舞いであれば、「しっかりしている」と高く評価します。

年齢で判断する子どもの振る舞い

事例では3歳の子を取り上げていますが、3歳の子がみんながダダをこねるわけではありません。しかし、6歳になってもダダをこねる子は、何らかの問題を持っている可能性があります。それよりもさらに上の年齢でもおなじ姿ならば、発達的に対応すべき問題があることでしょう。

大人は、このように年齢と子どもの振る舞いをはかっています。三世代同居が減るなどで、親は「年齢ものさし」を持っている、祖父母からの助言が受けにくくなっているようです。

子どもに年齢を意識させ、相応のことができたら**「お兄さん」「お姉さん」**とほめます。そうやって、自分の年齢を意識させていきます。

きみは、お兄ちゃん？　赤ちゃん？

巡回相談で、週に一度ほど保育園に通っています。あるとき、2歳の男の子に「お兄ちゃん？　赤ちゃん？」と聞きました。彼は得意げな顔をして「お兄ちゃん！」と答えました。保育園には、彼よりも年齢の幼い子どもがいます。だから、お兄ちゃんという意識が芽生えやすいのかもしれません。

この「お兄ちゃん（お姉ちゃん）？　赤ちゃん？」という質問に対して、小学生になっても「赤ちゃん」と答える子がいます。「赤ちゃんがいい。何もしなくていいから」という思いから出てくるようです。もちろん、こういう子は問題です。学習にも、人との関わりにも支障が出るからです。もうすでに赤ちゃんではないことを、写真などを使って教えます。また、赤ちゃんには戻れないことも伝えます。

●歳相応の振る舞いを期待する

大きくなることは、自立に向かっている子どもにとって喜びのはずです。その喜びを心から感じられるようにするのは、大人からの**「大きくなったね」**のことばなのです。そして、**「○歳は□□できる」**という励ましによって、自分自身の成長を感じとっていることでしょう。

子どもは、毎日のようにできることを増やしていきます。大人には気づきにくい**些細な成長もありますが、「大きくなった」と感じられる場面をとらえ**、子どもに伝えたいものです。

15

いっしょにやろう

相手に合わせて行動する

理解するのは

2歳ころから

子どもは2歳をすぎたころから、「いっしょ」ということばを使いはじめ、「いっしょにネンネ」「いっしょに食べよう」などと話します。

親や友だちといっしょにやりながら、子どもは相手に合わせて行動するという社会性を身につけていきます。

人・人の動きを発見する

赤ちゃんが「人見知り」しはじめるのは、7～8カ月ごろからです。なお、生まれてすぐのころからお母さんが抱かないとダメという赤ちゃんもいます。嗅覚や触覚が敏感なのかもしれません。

この人見知りですが、**「お母さん＝親しい人」と「知らない人」の区別がつきはじめる**ために起こるとされます。「人見知り」によって、**「人の違いを発見する」**といえます。

1歳台になると、子どもはテレビを見ながら人の動きを真似するようになります。そして2歳台になると、「いっしょに」と言いながら、人の動きに合わせて散歩ができるようになります。このころの子どもの動きですが、**相手の動きを予測しながら、相手に合わせて同時に動ける**ようになります。それができないと、うまく「いっしょに」歩くことはできません。

「いっしょに」がわかっていない子

保育園に行くと、ほかの子といっしょの活動ができない子がいます。これには少子化が影響しているのかもしれません。一人っ子だと、兄弟姉妹の動きを見て、いっしょに行動するといった体験ができません。こういう場合は、**集団の力をかりて「いっしょに」を理解させ**、行動できるようにしたいものです。

「どうしていっしょにできないの！」と大人は叱りますが、「いっしょに」ということが理解できていないと、言われても意味がわかりません。意味が理解できないまま叱られると、子どもは「（大人は）自分のことが嫌いなんだ」と思うかもしれません。

いっしょにやると楽しい

「いっしょに」を理解させるためには、相手を意識して歩くなど、**いっしょに活動する必要があります。**いっしょにあそぶことも有効です。クッキーづくりなども3歳すぎになると楽しめるようになります。

いっしょにやると、人からいろいろなことを教えてもらえます。教えてもらえることで、じょうずになってもいけます。何よりも、**人と何かをやると楽しいし、お互いに共感も生まれます。**その体験は、大人になって社会参加するときにきっと役立つはずです。

16

はんぶんこして

相手と公平に分ける

理解するのは
2歳ころから

「はんぶんこしなさい」と指示された多くの子どもは、はじめはいやがります。そして、イヤイヤながら分け合います。

そのときに「おりこうだね」と言われると、お兄さん、お姉さんになったと思うことでしょう。

「はんぶんこ」は「公平＝フェア」の第一歩

はんぶんこは、重要な社会的な行為のはじまりです。最近の心理学の研究では、**子どもは本来、「公平に分配されることを好む」**ことが明らかになってきました。公平に扱われないと、**不満や怒りを持つ**ともされます。「はんぶんこ」は、子どもに公平に分けることを教えてくれます。

分け合う子ども

「はんぶんこ」を教えないと、ほかの子たちとものを分け合ったり、いっしょにおもちゃなどであそぶことがむずかしくなります。

「はんぶんこ」が理解できれば、「あげたくない」という**自分の気持ちをコントロールし**、人との関係が生まれます。そして、あげられた自分を自覚し、**「誇らしい気持ち」**が生まれます。その気持ちは、自分は**「人の役に立てる」**という意識にもつながることでしょう。

17
これでいい？
いいよ

まわりの人を尊重する

理解するのは　2歳ころから

子どもは、「これでいい？」と大人に判断を求めることで、効率的に学習を進めることができます。

大人は「いいよ」と言いながら、子どものやり方、判断などを承認し、学びを助けます。

確認をしない子

好き勝手に冷蔵庫をあけ、思いのままに飲食する子。ほかの子の意思を無視して、相手のものを無断借用する子。園や学校の備品を勝手に使う子。こういう子たちは、人に確認する習慣が身についていません。

小さいころから子どもには、**まわりの大人に確認させるよう教えます**。そのことで、子どもは**まわりの大人を頼りにするようにもなります**。

自分勝手と思われる子

まわりに確認しないで行動する子は、本人の意識とは別に「自分勝手な子」と思われがちです。友だちとあそぶ、スポーツをするなどのときにも、まわりの子たちに確認しながら進められなければ、場合によっては1人で浮いてしまうこともあるでしょう。

18

いや!(見守る)

自己主張できるようになる

理解するのは
２歳ころから

話しはじめた子どもの中には、すぐに「いや」と言う子がいます。２歳前後のこの「いや」は自己主張の表れでもあります。

　大人から言われたとおりではなく、自分で判断して決めたいという思いがあるのです。「いや」の意思表示は自立に向かう第一歩といえます。

「いや」は自立のはじまり

「いや」と言いはじめるときを「第一次反抗期」や「いやいや期」と呼びます。２歳前後からスタートします。それまでは親の思いどおりに行動することの多かった子どもが、自分を主張しはじめるのです。

大人としては、それまでの子どもへの見方を変えることを迫られます。大げさにいえば子どもに対する意識改革が必要になるのですが、それがスムーズにいかないこともあるでしょう。それに、子どもは自分でやると言いながら手伝いが必要だったりします。それがイライラにもつながります。

「いや」から抜けるとき

自立に向かう子どもにとっては、**自分で実際にやってみないと必要なことを学べません**。子どもは、理由がわかりはじめると、反射的に言う「いや」は少なくなっていきます。

対応する大人から**理由を説明されることで、ある程度は納得できる**ようになります。もちろん、すべてのことにおいて、子どもの「いや」がなくなるわけではありませんが……。

◆発達過程にあらわれる「わがまま」行動とその対応

1歳すぎ ……**子ども同士で、お気に入りの人・ものの取り合いをする**

・噛んだり、蹴ったりすることを止め、ほかの方法を教える。
・毎日同じように行なう身辺のことを「自分で」させていく。

2歳前後 ……**自分のつくった「よい」の基準にこだわり、それに反すると大騒ぎする**

・自分の基準で許される範囲と大人や社会の基準にあわせること明確にする。
・「貸して」「やっていい？」などのたずねることばを教える。

3歳前後 ……**好みが明確になり、好きでないことにダダをこねる**

・好きなもの、好きな子に対する気持ちを認め、あそべるように配慮する。好きなことだけでなく「□□したら、○○ね」と関係づけのルールを教える。
・自分を振り返らせ、ことばにさせる。

4歳前後 ……**勝負にこだわり、負けると大騒ぎする**

・勝ったり負けたりすることを経験させる。
・負けても、相手を非難したり、泣き騒ぐことには注意し、ほかの子の応援するよう促す。

5歳ころ ……**身勝手に解釈した道徳基準にこだわり、反する人をしつこく非難する。**

・勝手な理屈を認めない
・「何で？」という質問に対して、一般的な理由を答えられうようにするなど、常識的で論理的な主張の仕方を教える。

6·7歳ころ ……**大人をばかにした口をきいたり、歯向かったりする。**

・仲間と同じ感性を楽しむことや、子ども同士のばか騒ぎも見守る。
・あそぶ友だちが変わっても、言及はしない。

19

□□して　○○やって、かな

まわりに要求できる

理解するのは　2歳ころから

子どもは、まわりに「□□やって」「○○して」と要求するようになります。その要求が叶えられることで、大人との関係を深め、愛着関係も強めます。

もちろん、自分の思いはいつも叶うわけではありませんが、子どもの要求には耳を傾けましょう。

要求する子どもと世界の広がり

子どもは受け身の存在から、自分でまわりに要求するようになります。**まわりの世界に関心が広がり、それらと関わることを求め出した**といえます。子どもは要求がかなえられることで、自分はまわりから受け入れられているとも思うでしょう。**思いが通ることで、安心感も生まれます**。そのうちに、大人に要求しなくても自分で解決できるようにもなってきます。それは**自立に向かっている姿**でもあります。

要求しない子どもとの関わり方

一方で、まわりの大人に要求しないか、それがとても少ない子がいます。そういう子どもは、大人ばかりではなく、子どもとの関わりも薄くなりがちです。大人は、こういう子に対しては、やりたいこと、ほしいものを推測して**「□□ほしいよね」「○○やって、かな」と子どもの気持ちを代弁しながら、積極的に関わりを持つ**ようにします。

◆愛着関係を築くきっかけ

- □ 大人と目を合わせる、笑う
- □ 抱かれると安心する
- □ 人見知り（親しい人の発生）
- □ 社会的参照行動（確認する）
- □ 社会的承認欲求（認められたい）
- □ 抱きついて不安を解消する
- □ だいじにされたいと思う
- □ 悲しませたくない

20 だめ

社会ルールを意識する

理解するのは 2歳ころから

　1歳前のまだ歩けない赤ちゃんが、何かを口に入れそうになったときに「だめ」と強く言うと手の動きを止めます。

　赤ちゃんが健やかに成長するためには、「だめ」なことを教わる必要があります。

　また、5～6歳になると自分でだめなことを判断し、ほかの子に「だめだよ」と注意する姿も見られはじめます。

「だめ」とほめ

赤ちゃんが「芸」をしはじめる時期があります。7～8カ月ころです。赤ちゃんが拍手をしたりすると、大人はそれを喜び、ほめてあげます。ほめられることは、**社会的に受け入れられる行動**です。赤ちゃんはほめられてうれしそうにします。

一方で、おなじころから、「だめ」の声かけに反応するようになります。「だめ」はまわりが認めない、禁止された行為です。

人間は、**対でものを考える**とされます。「これは大きいね」「こっちは小さい」というように、物ごとの程度を反対の概念ではかります。赤ちゃんがほめられることをもっとやろうとし、「だめ」と言われたことをやらなくなるのは、**人間らしい対概念が発生した**ことを示します。**大人は子どもに「だめ」と言う必要があります**。そのことが、子どもの社会化を促します。

「見守り」も大切

ただし子どもに接する**大人の姿勢としては、見守りが第一**。

子どもはあぶないことをします。大人はついつい「だめ」と言って制止してしまいがちです。**禁止が多くなると、子どもの自発性や行動力が育ちにくくなる**でしょう。

21

かわいいね

ものごとに関わる気持ちの原動力

理解するのは　3歳ころから

子どもは、かわいく愛らしい面をもっています。しかし大人の心に余裕がないと子どものかわいらしさが見えにくくなったりします。ときに、じっくりと子どもの姿を見つめながら「かわいい」という気持ちを味わいたいものです。

赤ちゃんの健康を育む「かわいい」

赤ちゃんは、いつ見てもかわいいものです。「かわいい」と思うと、やさしい笑顔で接し、またさわりたくなります。**大人の笑顔とタッチは、赤ちゃんに安心と安定を与えます。**

また、かわいいという気持ちは**子どもの表情や動きなどを見続ける原動力**にもなります。それは、子どもの姿をよく観察することともいえます。そのことで、子どもの状態の変化、とくに具合がおかしい、病気のようだといったことに気づかせてくれます。まわりにいる大人の「かわいい」という気持ちは、**赤ちゃんを健康に育てていくために必要**なのでしょう。

子どもの判断基準としての「かわいい」

4~5歳になると、子どものなかにも「かわいい」という気持ちが強まります。とくに女の子は「かわいいからこっちがいい」などと話すように、「かわいい」ということが判断基準になっています。

「かわいい」という思いは、子どもの**「関わりたい」という気持ち**を掻き立てるのでしょう。子どもでも自分より小さな子に対して、「かわいい」という気持ちが向きます。それが幼いながらも育児体験につながります。

かわいさはみんな違う

2人目を妊娠中のお母さんから、「父親が、長女はかわいいけれど2番目の子をおなじにかわいいと思えるか自信がないというのです。２人目の子どももかわいいと思えるようになるでしょうか」という質問を受けたことがあります。

それに対して、「子どものかわいいところは一人ひとり違う。たとえば、**表情がかわいい子もいれば、言動がかわいい子もいる**」と話しました。一人ひとり違うから、子どもはみんなかわいく思えるのです。

22

楽しかったね

ポジティブな感情を育てる

理解するのは
3歳ころから

「楽しかったね」は、体験したことが「楽しい」ものであったことを子どもに教えます。

子どもは、プラスの気持ちをたくさん体験することで気持ちを前向きにします。

子どもの気持ちとことば

心理学では人の感情は、未開拓の分野ともいえるテーマの一つです。子どもが、「楽しい」「うれしい」「怒っている」「かなしい」といった自分の感情にどうやって**見ることや、触れることのできない自分の気持ちについて、それを表現することばを学習していくのか**もよくわかっていません。

諸説ありますが、まわりの人から**「楽しそう」「うれしいよね」「おもしろいね」「怒っているの？」**といったことばかけを受けることで、自分自身の気持ちを言語化できるようになると考えられています。ですから、マイナスの気持ちのことばかりを伝えると、子どもは**後ろ向きの感情に傾きやすくなる可能性があります**。

自分や人の気持ちを理解していく

	⊙「寂しい」と言いはじめる	⊙大人の役割に気づきはじめる（決定権の理解が進む）
4歳	⊙人の内面（感情）に気づき始める	⊙人のいやがること、汚いことばを使うことがある
	⊙自分の得手不得手がわかってくる	⊙努力を評価してほしがる
	⊙「つらい」「悔しい」という気持ちが出てくる	⊙集団であそぶようになる
	⊙憧れの発生	
5歳		⊙うそをつくことがある
	⊙「恥ずかしい」という気持ちが出てくる	⊙失敗しないように備えるようになる
6歳		

気持ちのことばを学ぶことは、**自分自身を知る**ためにも必要です。また、気持ちのことばは人と人との間に**共感も生み出します**。共感が生まれることで、相手のことを好きになったり、もっと知りたいと思うようにもなります。

そして、ほかの子どもや大人の**気持ちも推測できるようにもなっていきます**。子ども同士であそびながら、「楽しいね」「おもしろいね」と話していることがあります。これは自分の気持ちばかりでなく、相手の心の動きも理解し、共感しているからの表現といえます。

絵本をくり返し読むこと

気持ちのことばを学ぶのは、人からばかりではありません。

絵本には、数多くの気持ちを示す場面が出てきます。子どもはそこでも気持ちのことばと、人のこころも学んでいることでしょう。

◆感情・共感にかかわる発達過程

0歳	⊙感情の基本は「快／不快」	⊙人見知り・8カ月不安が見られる ⊙共同注視が見られる
1歳	⊙感情の分化がはじまる ⊙自己主張がはじまる	⊙社会的参照行動がはじまる ⊙他者を意識しはじめる
2歳	⊙喜怒哀楽がはっきりとしてくる ⊙ことばで気持ちを表現し始める（社会化の始まり）	⊙社会的承認欲求が芽生える ⊙社会的感情が芽生える ⊙平行あそびが見られる
3歳	⊙「好き」という気持ちが高まる ⊙社会的承認欲求が高まる	⊙少人数であそぶ（協同あそび）

さて、子どもはおなじ絵本を何度も読んでもらいたがります。大人は絵本の内容がわかれば、くり返し読む気にはあまりなりません。それは、くり返し読んでも新しい情報を得られないからでしょう。対して子どもは、1冊の絵本を何度もくり返し読んでもらいながら多くのことを学んでいます。子どもは、日々ことばを獲得していきます。はじめて単語を話してから5～6年で数千語の日本語を覚えるといわれています。

理解できることばの数が日々増えている子どもにとって、くり返し聞いているおなじ絵本でも、毎回ちがった内容に思えるのではないでしょうか。

ほかにも、ストーリーを理解できるようになる4～5歳ごろからは、アニメや漫画、映画などからも、**気持ちのことばを学んでいる**はずです。子どもに、絵本や物語などに触れさせる大切さは、自分自身のことや、人のことを理解するためでもあります。

23 好き？

仲間関係を結びつける

理解するのは
3歳ころから

大人は1歳の子どもに、「好き？」とか「好きだよね」と話しかけます。はじめはそう言われても、意味がわかっていません。しかし、大切なことを聞くように大人は「好き？」と語りかけます。

何度も問われ、「好き」と返したりしながら、子どもはことばの意味を理解していきます。

「好き」なことと自分らしさ

子どもはある時期から、自分の好きなことを無視されたり、反対されると怒るようになります。ときには、自分そのものを否定されたかのように激しく怒る場合もあります。人はそれぞれに好きなこと、ものが違います。**好きなこと、ものが違うことが、自分とほかの人は違う**という認識につながるのかもしれません。

自分と他者のちがいに気づくのは2歳半ごろからとされています。「好き」ということばが出てくると、**自他の分離は進みます**。とくに子どものころは、好きなことがほかの子どもと違うから、その子なりの「個性」が際立ってきます。

好きなことがいっしょの子ども

おなじ場所にいてもチラチラと横目にほかの子のあそびを気にしている段階から、3歳ごろに変化が表れます。それまでは積極的には関わらなかった子どもたちが、**協同してあそぶようになる**のです。

大人もおなじですが、好きなことやものがおなじな人に対しては、自然と親近感がわきます。また仲が深まれば、信頼で結ばれたりします。子どもはけんかすることも、ときにはありますが、それでもいっしょにあそぶことで、仲良くなっていきます。協同あそびは、**人との深い関係を結べるようになるための、第一歩**といえます。

好きなことを探求し続ける人生

たとえ困難なことでも、好きなことに突き進む人に憧れを持つ人は多いでしょう。好きなことを一所懸命に取り組んでいる人を見ていると、うれしくなります。年をとっても、新しい習いごとをする人は少なくありません。習熟することはむずかしいかもしれませんが、しかし自分のなかに「好き」という気持ちが生まれます。それが生きる張り合いにつながるのでしょう。

「きらい」は使わない子ども

「好き」ということばは、人と人とを結びつけ、良好なものにします。その一方で、「きらい」は使いすぎると、仲間関係を結びにくくしてしまうことばです。

そもそも、子どもは「きらい」をあまり使いません。「きらいなときもある」「ときどききらい」というように限定的に使います。**「きらい」をよく使う子には「苦手」と言い替えさせます。**「苦手」ならば、克服できる可能性があるからです。

24

さみしい

友だちに目を向ける

理解するのは
3歳ころから

子どもが「さみしい」といえば、大人は心配になります。そして、かわいそうとも思います。ただ子どもをよく見ると、さみしそうにはしていないし、すぐに忘れてあそびはじめたりします。

幼少期の子どもの言う「さみしい」には、大人が考えるのとは別の意味があるようです。友だちに会いたい、仲間とあそびたいという気持ちも含まれていますので、大人は落ちついて見守りましょう。

子どもを社会に押し出す「さみしさ」

「さみしい」という気持ちは、**仲間の方に目を向けさせる働き**を持ちます。「さみしい」は、社会を構成する人間にとって、**孤立しては生きていけないことを教えてくれる感情**でもあります。「さみしい」と思うから、ほかの子たちとあそびたいという気持ちが強まります。

実際にほかの子たちとあそんでみれば、親とあそぶのとは違った楽しさ、面白さ、それにあそび方など学ぶこともたくさんあることでしょう。

小学生のころに使う「つまらない」

子どもが、自分自身で仲間をつくり出すのは小学校低学年からとされます。それまでは、「公園であそぼう」という親の誘いに嬉々としてついてきた子どもが親の誘いを拒否するようになります。そして、自分から「～くんとあそぶ」と言うようになります。仲間をみんなで形成するようになると、**親から仲間へと関係の対象が変化**していきます。

この時期に特徴的なことばを口にするようになります。それは**「つまらない」**です。家にいて、親と一緒にいるときなどに「つまらない」と不満そうに言い出します。家にいてもつまらない、だから「仲間とあそびたい」という気持ちが強まります。このころから仲間との結びつきは強まり、ほかの子の話を親にはしなくなってきます。

思春期と「うざい」

親にとっては気持ちのいい言葉ではないのが「うざい」です。思春期の子どもは、親の話や意見を「うざい」と否定し、その一方で仲間とのきずなを深めていきます。子どもは、その時期、時期に新しい気持ちに気づきはじめ、親から自立していきます。

◆成長過程で愛着を築く対象は変化する

＊愛着……特定の人を求め、そして安心する関係。アタッチメント

●乳児期	……母親との基本的な信頼関係を形成
●幼児期	……母親以外の家族との愛着形成
●学童期	……友だちとの愛着形成
●青年期	……友だち、仲間、グループなどとの愛着形成 親には反抗する（自立期）
●成人期	……異性（ときに同性）および、わが子への愛着形成

怖い顔をしない

相手がどう感じるか意識させる

理解するのは
3歳ころから

人間は、自分がどういう表情をしているかを知ることができません。自分がつくり出した表情を、ほかの人にモニター（客観的な評価）をしてもらう必要があります。

適切な表情でないと、自分の真意を誤解されることもあります。怒ったように要求するときには、大人が「怖い顔をしない」と声をかけることで、適切な表情を教えます。

セルフ・モニタリングがむずかしい子ども

自分の気持ちがどういう状態かは、年長クラスに近づくにつれてある程度表現できるようになります。しかし、自分の気持ちや考えを表現しながら、**相手がどう感じているかは、なかなかわかりません**。

自分の表情などを自分で理解することを「セルフ・モニタリング」といいます。子どもはその力が未熟だからです。まわりの人たちは、子どもの表現に対して、相手に不愉快な思いをさせずにじょうずにできたときは**「よかったよ」と評価しましょう**。

言い方が怖かったり、強すぎるときには「怖いよ」といってあげます。セルフ・モニタリング機能が十分でない子どもには必要な配慮といえます。こういった**外部のモニターを通して、子どもは自分の表現の仕方を、適切なものに修正することができます**。

26

ありがとう

人の役に立ったという気持ちを育む

理解するのは 3歳ころから

人から「ありがとう」と言われるとうれしくなります。人の役に立っていることを感じるからでしょう。

相手との良好な関係を確認し合う「ありがとう」のやりとりは、じょじょに社会参加をしていく子どもの自信につながっていきます。

役立てる自分に気づく

人に「ありがとう」と言われると、自分は役に立った思い、社会的承認欲求が満たされます。人は、**社会的な承認が満たされていないと自分に対して、無力感、無用感を抱きます。**これは子どももおなじです。まわりの大人や子どもから「ありがとう」と言われない子は、無力感を持つようになるかもしれません。

子どもが、家族から「ありがとう」と言われることは、認められ、受入れられたという思いを強めるはずです。園や学校でもおなじで、先生から「ありがとう」と言われた子どもは、社会的に承認され、受け入れられているという思いを持つことでしょう。

育児と社会化

「ありがとう」のことばは、子どもに**自分は人の役に立つという自信**を持たせます。この自信が子どもの社会化を進める力になるはずです。

◆子どもにさせたいお手伝い（役に立つという自信を持たせる）

炊事	食卓の用意、食後の片づけ、調理 など
そうじ	ふきそうじ、はきそうじ、ほこり取り、おふろそうじ など
洗濯	洗たくものをたたむ、たたんだものをしまう など
家事	買い物のにもつ持ち、くつをそろえる、カーテンの開け閉め など
お世話	花に水をあげる、ペットにえさをあげる など

卒業しても、就職しようとしない大学生が毎年、数万人単位でいます。就職しない彼らのなかには、「自分は人の役に立てない」という思いを持っている学生がいます。子どものころから、お手伝いなどをしてまわりから「ありがとう」と言われた経験の少なさが、そういう自信のなさにつながっているのではないかとも感じます。

わが子を育てていると、現在のことに目が向きやすく、将来の姿を想像することなかなかはできません。しかし育児では、**将来の社会参加を目標とし、「育児＝子どもの社会化」であることを認識すべき**です。そう考えて接すれば、子どもへの日々の対応が変わるはずです。

何のために学ぶのか

小学2年生の女の子たちと話したときに、「なんで勉強するの？」と聞きました。一人の子は「わからない子に教えなくてはいけないでしょ」と話し、もう一人は「自分の子どもができたときに教えるため」と答えてくれました。

勉強は決して自分のためだけにするのではありません。**人の役に立つことも、勉強の重要な目的**です。彼女たちは、それを見事に説明してくれました。

27

○○くん、□□ちゃんって誰？

名前をもとに人への関心を高める

理解するのは 3歳ころから

ゆうちゃんがね
文房具屋で…
ゆうちゃんて
だれ？

大学で授業をしていますが、学生の中に、「友人」の名前は知らず、ハンドルネーム（インターネット上の名前）しか知らないという青年がいました。相手への興味も限定的で、住所や利用する駅も知らなかったりします。

こういうことが当たり前ではないことを教える、その第一歩として乳幼児期から人の名前を覚えることは大切です。

名前を知ることで相手への興味が深まる

小学生に「クラスの子の名前を全員知っていますか？」と質問してみたことがあります。「クラスの子、みんなの名前は知らない」との答えが返ってきて驚きました。名前のフォルダーがなければ、情報が蓄えられないのではないか、と思います。

一方で、子どもはほかの子の名前を知り、その名前をもとにさまざまな情報をストックしていきます。**名前の記憶があいまいだと、家のこと、兄弟姉妹の有無などについて、たとえ知ったとしても、情報が蓄積されていきません。**

大人が友だちの名前を聞く

子どもが、どういう子とどんなあそびをしているかを、大人は聞いた方がよいでしょう。そのことで、大人が、子どもの友だちの名前を知れば、その子についてのさまざまな情報をストックできます。大人が、友だちの名前やエピソードに**興味を示すことで、子どもは友だちの話をしてくれるようになる**でしょう。

28

残念だね／仕方がないね

気持ちを切りかえる

理解するのは
3歳ころから

好きなおもちゃが壊れて泣き叫んでいた子が、3歳前後から「残念だね」「仕方がない」と言われると、あきらめられるようになります。じょじょに自制心を身につけていきます。ものは壊れることがあり、必ずしも永遠のものではないことを理解しはじめます。

あきらめられることの大切さ

自分の気持ちをコントロールできるようになるためには「自制心」が必要です。自分の大切なものが壊れたときに、「残念、仕方がない」とあきらめられるようになることは、**自制心の成長**ともいえます。

自分をコントロールできるようになれば、まわりの騒音や動きに気を取られることなく、自分のあそびや課題に取り組めるようになります。自分を抑制し、**目の前のことに集中する力**こそ幼児期に伸ばしたい能力です。そうでないと、小学校で勉強するときに、学習に集中できない可能性があるからです。

あきらめられない子

子どもの中には、なかなか気持ちの切りかえができず、あきらめられない子もいます。そういう子には、**気長に「残念、仕方がないよ」と語りかけ、あきらめられるよう促します**。成長とともに、自分の思うようにはいかないという体験を積みながら、切りかえができるようになってきます。

子どもは本来「前向き思考」

子どもは、多くのことを学ばなくてはいけません。子どもの思考は、本来は「前向き」であり過去のことについてはあまりくよくよしないものです。なかなか切りかえられない子にこそ、「仕方がない」を教えます。そのことが、子ども本来の「前向き思考」へと切りかえさせることでしょう。

過去にとらわれすぎないようになれば、**新たなことに挑戦する気持ちも生まれてきます**。

29

□□したら、今度は○○ね

手順と流れをつかむ

理解するのは 3歳ころから

手順を示すことばです。子どもには、初めて取り組むことがたくさんあります。しかし、大人でもそうですが、はじめて行なうものごとの手順はわかりません。わからないときには、手順を教える必要があります。

そうして手順をくり返し学んでいくことで、4～5歳ごろ、自分で簡単な段取りを立て、実行できるようになっていくのです。

生活の流れと「手続き記憶」

保育園で過ごす子どもは、2歳前後から自分で身の回りのことができるようになります。先生たちは、こうした姿を見て「流れがわかってきた」と表現したりします。何度もくり返しやっていると、一連の流れを体で覚えます。このような記憶の仕方を**「手続き記憶」**といいます。

一方で、折り紙などの新しい課題では、この「手続き記憶」は働かず、イチから学ぶ必要があります。大人は、こういうときに**丁寧に、手順を教えなくてはいけません**。新しい課題もくり返しやっていくうちに、「手続き記憶」ができてきます。

教わることと意欲の高まり

手順がわかると、子どもは自分でさらにじょうずになろうと、むずかしい内容に挑戦します。手順を教えてもらえないと、子どもは失敗することが多くなるでしょう。失敗にイライラし、取り組むことに意欲をなくすこともあります。

ちなみに、**子どもは知りたいことしかおぼえない**とも言われています。

30 貸して～ いいよ

相手の意思を尊重する

理解するのは 3歳ころから

「貸してーいいよ」というコミュニケーションが取れるようになると、「相手から取り上げる」という子ども同士のトラブルは減ってきます。

「人に貸す」「人から貸してもらう」は、社会性の基礎でもあります。

はじめは大人が間に立って、子どもたちの意思を代弁して関わるとよいでしょう。

勝手に使う子

子どもは、おもちゃなどのものの貸し借りでは、**持っている子の意思を確認しなくてはいけない**ことを理解しはじめます。わかってくれば「貸して」「いいよ」の会話が生まれます。3歳前後から見られはじめる姿です。このことがわかっていないと、力づくで取り上げ、ほかの子とトラブルの原因になります。

ものの貸し借りでトラブルが起きたら、大人が間に入って**「かわりばんこであそぼう」「次は○くんの番だよ」**と声をかけるようにします。

「貸して」と言いながら、相手の答えを聞かない子

中には、「貸して」と言えば取り上げていいと思っている子がいます。こういう子は、貸すかどうかを決めるのは相手であることがわかっていません。

相手の意思を尊重しなくてはいけないということが、まだわかっていない段階です。「いいよ」のことばを聞いてから貸してもらうように教える必要があります。

31 順番だよ

社会スキルが身につく

理解するのは 3歳ころから

子どもが自分の欲求をコントロールし、ほかの子たちとトラブルなくあそべるようになるためには、「順番」を理解する必要があります。この「順番」ですが、3歳台からわかるようになってきます。

順番と自制心

子どもは、順番を理解することで、子ども同士であそぶときに必要な自制心を身につけます。日本では、駅やバスなどの停留所で、あるいは園や学校でもあそびや活動で自分の順番を待つときに、列をつくって順番に並びます。**順番を守ることは、日本の社会では必要なスキル**です。

抑制力の土台は子どもへのフェアな対応

子どもが、道徳で物ごとを判断するのは6歳前後からとされます。しかし最近の研究では、1歳台の子どもでも**乱暴する姿を嫌う**ことがわかってきています。子どもは、初期的な道徳感情を持って生まれてくるのでしょう。

子どもは**まわりから公平に扱われることを期待**しています。順番は、自分の番がくればやれるという、機会の均等、公平な扱いを保障します。フェアな扱いをされていれば、それで**自分の欲求を抑制できる**ともいえます。

32

□□は○○（大人）が決めます

人の役割がわかる

理解するのは 3歳ころから

あやちゃんのものだからあやちゃんが貸すかきめるよ

子どもは、人の役割に気づきはじめます。役割が理解できるようになってくると、自分の役割も理解してきます。

子どもたちは、物ごとの決定をするのはだれかということを理解し、人との関係を理解するようになります。

人はいろいろな役割を持って生き、それぞれの役割を持つ人たちで社会が構成されていることも学んでいくのです。

決定権を誤解する子ども

2、3歳の子どもの中には、「自分で何でも決めたがる子」がいます。その気持ちが強く、大人の言うことを聞かないと「わがまま」「手に負えない」とみなされたりします。

また、園などから帰るときに、いつまでもグズり続け、親が子どもに振り回されている場面はよく見られるものです。こうした子どもは、**決定権を誤解している場合**が少なくありません。「帰るか帰らないかを決めるのは大人」とはっきりと宣言すれば理解できるはずです。

暴力をふるう子ども

子どもの姿を見て、もしも決定権の誤解があればそれを正す必要があります。決定権を誤解している子どもは、**いろいろな場面で大人やほかの子と衝突しがち**です。その理由として、何でも自分で決められるという認識の誤解を正してもらえない点が挙げられます。

2歳台の子どもでも、園の先生から指示されたことに腹を立て、先生を叩こうとしたり、蹴ったりする子がいます。人からの指示を、自分の決定権を侵害されたと思うのか、暴力で反抗します。もちろんこういう姿は問題で、将来の家庭内暴力につながる可能性があります。

明確に「決定権」を示し役割関係を築く

「先生が○○を決めます」「お母さんが□□は決めます」というように、**誰が決めるかを子どもに明確**

に示します。もちろん**子どもにも決定権があります**。何をしてあそぶかなどです。それは「決めていいよ」と話します。このときのポイントは、**誰が決めるかをはっきりとさせる**ことです。

決定権を理解できてくると、大人が決めることと、自分で決めることの区分けをしたり、人との関係を役割関係ではかることができるようになります。決定権を誤解しているうちは、上下関係を作ろうとします。そこから抜けて、次の段階に入ると、ままごとなどで「役割」を演じるようになります。役割関係の理解が進めば、**集団のなかでスムーズに活動できる**ようになります。

33

黙って聞こうね

会話のルールがわかる

理解するのは
3歳ころから

子どもは、気持ちを高ぶらせながら騒ぐことが好きです。一方で、年齢が上がっていくと自分の気持ちを抑えながら、いろいろなことを学ばなくてはいけません。「黙って聞こうね」は、抑制力をつけることばです。

小学校入学に向けて、また社会に出るためにも、よく見て、しっかりと聞く態度を身につけておく必要があります。

黙って人の話を聞けない子

自分の思いや意見を口にしてしまう、少々落ちつきのない子がいます。こういう活発な子こそ、「黙って聞こうね」と話しかけ、抑制できるように仕向けます。**刺激に反応しやすい子は、静かな場所で、少人数**で教えるようにします。その方が、落ち着いて聞けるようになるからです。

順番に話す

そもそも会話には、ルールがあります。少人数での会話では、**相手とかかわりばんこで話す**こと、また多人数の場合には**順番に話す**ことが、基本です。自分の番が巡ってくるのを待てずに、言いたいときに話す子には、注意したり、**話す人はカードを持つ**などするとわかりやすくなります。

ただ、思いや意見を積極的に話そうとし、その内容がまわりにも伝わる子は、**表現力がある子**ともいえます。そういう子には、その表現力を認め、話を聞いてあげる時間ももちたいものです。

34

はんぶんこの力で

からだの調整力を養う

理解するのは
3歳ころから

早く、力強く、遠くへと、子どもは全力を出して挑戦します。ただ、全力を出し切ることばかりではなく、自分の動きを調整できる力も必要です。

「はんぶんこの力で」や「もっとゆっくり」「じっとする」などは、子どもにからだの調整力と、精神的には抑制力を身につけさせます。

自分の力をコントロールする

幼児期の脳の発達に関する研究では、**運動を通じて成熟する能力が大部分**ともいわれています。運動をするときには、力いっぱいではなく、動きを制限、調整しなければならない場面があります。こうしたことから、心だけでなく**からだを抑制する力**が育っていきます。

幼児期に、さまざまな動きを学ぶ大切さは、体だけではなく脳の働きによい影響を与えるという側面も大きいのです。

加減を知る

脳の一部に、社会脳と呼ばれる部位があります。**社会脳の働きによって、人の気持ちを理解**します。また、相手への振る舞いの際に、加減ができることも重要な働きと考えられています。たとえば、小さい子とあそぶ際には、力加減を変える必要があります。話すときにも、小さい子にはゆっくりと話さなくてはわからなかったりします。

子ども同士では、からだが抑制できないと、ほかの子によくぶつかったりします。「はんぶんこの力」は、身体の調整力を身につけさせてくれます。

35

□□かもしれないよ

自分の思い通りにならないことを知る

理解するのは
4歳ころから

「○／×（マル／バツ）」で物ごとを判断しだすのは2歳前後からです。しかしいつも「○」だったり、思うようになることばかりではありません。

子どもは4歳すぎから、「□□かもしれない」ということばを使うようになります。「○と×の間があること」や「グレーゾーン」のあることを知るようになります。

思いどおりにはならない現実世界

当たり前の話ですが、自分の思いどおりにはならないのが現実世界です。では、思いどおりにはならないということを子どもはどうやって学ぶのでしょうか。おそらく2歳前後からはじまる「自分を通そうとする」、**しかし必ずしも通らないという体験を通して**学んでいくのでしょう。その体験が、**「残念」「仕方がない」**という気持ちを生み、未来に向かっては「(ない)かもしれない」という考え方につながるのでしょう。

物ごとを柔軟に受け止める

子どものなかには、「ぜったいある!」「ぜんぜんできない!」と言い張る子がいます。こういう子は、物ごとを柔軟に受け止めることができません。「〜かもしれない」は、未来に起こる結果に対して、**柔軟に受け止めることも教えてくれます。**

「かもしれない」という見方を理解しだすころに、**「たぶん」**や**「おそらく」**もわかるようになります。子どもがこれらのことばを使いはじめると、思いどおりにならなくても騒ぐことが減ります。

36 なんで？ ～だからだよ

行動の理由を理解する

理解するのは 4歳ころから

保育園はじまるから着替えの時間だよ
まだ着替えないの。だってかいくんとあそんでるんだもん
おとうと〈かい〉

人間の行ないには、その人なりの理由があるはずです。ところで子どもは、その理由を学んでいかなくてはいけません。

理由がわかってくれば、自分の行ないについて、理由をつけてまわりに説明できるようになります。

「なんで」から「だって／だから」へ

子どもは、大人の指示を素直に聞かなかったりします。「○○しなさい」と指示すると、子どもは**3歳前後から、「なんで」と質問するようになります**。「なんでお風呂に入るの？」→**きれいになるようにだよ**、「なんできれいにするの？」→**病気にならないようにだよ**、「何で病気になるの？」と続きます。大人はときにうっとうしくなることもありますが、頭をひねりながら答えます。

4歳ごろからは、「だって〜しているもの」と抵抗したりします。

そして、5〜6歳になると、大人の指示に対して「だから、○○でしょ！」と**自分の考えを明確に主張するようになります**。自己主張する姿ですが、自分で判断できる大人になるためには、必要な階段でもあります。

理由を聞く子、理由を聞かない子

3歳前後の「なんで」の段階は、とても重要です。このときに肝心なのは、質問した子どもが、大人からの返答を受けて、**「自分の行ない」の理由を理解する**ことです。しっかりと入浴の理由がわかった子は、お風呂に入ることが**習慣化する**でしょう。

一方で、「なんで」「どうして」と聞かないか、聞く頻度の少ない子は自分の行ないについて「理由づけ」が十分にはできません。このために、入浴や歯みがきなど、生活上で必要なことをやりたがらなかったりして、習慣化がむずかしい場合もあるでしょう。**理由を聞かない子には、理由を教える必要があります。**

相手を理解するための理由・自分を理解してもらうための理由

相手の言動には、何らかの理由があると思う子は、「どうして○○するの？」という質問をします。その理由が理解でき、共感できれば安心もできます。もしも理由が納得できなければ、わかるまで聞くこともあるでしょう。そうやって、**人への理解を深めていきます**。

自分の行ないを説明するときにも、理由をいわなければ相手には通じなかったりします。そのために、相手にわかってもらえるような理由を考え、それで説明する必要があります。

なぜ理由を学ばなくてはいけないのか？

世界にはさまざまな宗教があり風習があります。そして宗教や風習には、独自の理由づけがなされています。子どもが理由を学ばなくてはいけないのは、自分の所属する地域なり文化圏に存在する考え方を知るためです。もしも、所属する場所で**「常識」とされる理由を学べなければ、適応的に生きていくのはむずかしくなる**でしょう。

◆ことばの発達と疑問視（５Ｗ１Ｈ）の理解

1歳台	**何（What）、だれ（Who）**	例「これ、何？」「だれ？」など
2歳台	**どこ（Where）**	例「ここ、どこ？」など
2･3歳ころ	**いつ（When）**	例「いつやったの？」に対して「さっき」「きのう」など
3歳前後	**なんで（Why）**	例「なんで？」。その後「どうして？」を使い、「～だから」という理由の表現につながる
3歳台	**どうやって（How）**	例「みかんはどうやって食べる？」に対し「かわむくの」と答えるなど

＊疑問詞につづく助詞によって、内容は高度になります。例えば、「だれ」のあとに、所有格の「の」をつづけて「だれの？」と聞けば1歳後半から意味がわかります。しかし、「だれが？」「だれと？」「だれに？」という質問は、１歳後半の子には理解できません。

37

わざとじゃないよ

判断力を身につける

理解するのは
5歳ころから

子どもは、人の内面に気づきだすと、相手の顔の表情と、心のなかで思っていることは必ずしもおなじではないことがわかってきます。そのころから「わざと」と「わざとじゃない」が強く気になるようになってきます。

「わざとじゃない」は、心の内側に本心があることを理解し、悪意がない場合には相手を許さなくてはいけないことがわかるようになります。

「わざと」は許さない

4歳前後から、子どもはすぎたことを振り返ることができるようになります。このころから家庭と園で交わす「連絡帳」に、何が書かれているかを気にするようになります。自分にとって不利なことは「書かないで」と、親に要求するようにもなります。**自分に対する、社会的な評価を気にしはじめる**といわれます。

内面が豊かになると、**「恐怖」や「不安」といった気持ちも明確**になってきます。怖いことがわかってくると、それをいやがったり避けるようになります。

また、人の行為の**ほんとうの理由にも目が向く**ようになってきます。自分にとって害になるようなことをほかの子がしたとします。その動機が「わざと」なのか、「わざとじゃないのか」を気にするようになります。「わざと」のときには反撃しなくてはいけないとも思うようです。

「わざとじゃない」は許さなくてはいけない

相手の本心がよくわからない子どもには、「わざと」かそうでないのかがはっきりしません。ぶつかってきた相手が「ごめんなさい」と言えば、「わざとじゃない」と理解し、許します。ところが相手が「ごめんなさい」と言わないと、故意かそうでないのかがわかりません。そのために、子どもは判断停止状態になり、どうしたらよいのかがわからず、ときには泣き出す子も出てきます。

こういう場合には、大人は子どもの混乱を理解し、相手の行為が**「わざと」か「わざとじゃない」の**

かをはっきりさせる必要があります。

悪意と善意の判断

相手の言動の背景に、騙そうという悪意があるのか、それともただ善意からのものかを、人はいつも判断しなくてはいけません。相手の内面に気づきだすことは、こういった判断力を身につけだすということでもあります。

なお、悪意／無意識に関係なく、たとえばボールなど人のものをなくしたり壊したときには、弁償しなくてはいけないと考えるようになるのは6歳ごろからです。このころから、相手に損失をあたえた場合は、前の状態に戻さなくてはいけないと考えるようになります。

38

○番目にやってね

流れをイメージする

理解するのは
5歳ころから

子どもに何かの指示を出すと、「あとで」「今は□□をやってる」という答えが返ってきたりします。

大人は、生活の流れをイメージして、子どもに、次のことを指示します。

ただ子どもにも思いがあり、すぐにはやりたくなかったりします。

大人と子どもの優先順位は違う

日頃から大人は、生活をスムーズに進めていくために、意識的にあるいは無意識のうちに物ごとの優先順位を決めていきます。一方で、子どもは別の尺度から優先順位を決めているといえます。優先されるのは、生活の流れよりも、あそんだり体を動かすことです。

大人は、「どうしてわからないの！」と思ったりしますが、**子どものやりたいことは違う**ので、親子間で衝突することが多くなります。

子どもの優先順位にも配慮する

子どもなりにやりたいことがあることを理解し、ときには**子どもの優先順位に配慮する**ようにします。そのときに有効なことばが、「○番目にやって」です。こういう関わり方をされることで、子どもは**自分の意向も受け入れられたことを知ります**。そうすれば、大人の指示に耳を傾けるようにもなるでしょう。

子ども同士であそぶときにも、互いの優先順位が異なりトラブルが起こることがあります。たとえば、互いに譲れない場合には、**「順番でやろう」**などといって折り合いのつけ方を教える必要があります。

39

約束をしましょう

ルールを守る

理解するのは
5歳ころから

自分のためのルールを理解し、抑制することを学んだ子どもは、4～5歳になると、少しずつ「約束する」ことができるようになります。あらかじめ約束を決めておくことで、大人の指示を待たずに自発的に動けるようになります。子ども同士でも約束する姿が見られはじめます。

約束し、それを守れるようになることは、社会性の成長にとってとても大切です。

マイ・ルールとアワ・ルール

そのつどルールを設定し、言い聞かされることで抑制を学んだ子どもたちは、次第に**事前の約束を交わすことができるようになります**。イラストにあるように「(時計の)長い針が6になったら、◯◯をやってね」と指示を出されたことも、子どもたちは先生やお友だちとの約束と理解し、それに従った行動ができるようになります。

このときのポイントは、**「5回やったら△△はおしまいね」**という具合に、**回数や時間など客観的なものさしを入れる**ことです。客観的な数値を入れることで、大人と子ども、また子ども同士のあいだに**約束が共有されやすくなります**。つまり、自分だけの「マイ・ルール」ではなく、**大人と子どものあいだで共有された「アワ・ルール(our rule)」**となるのです。こうした決めごとをつくっていくことにより、大人が子どもに一方的に指示を出すことも減るでしょう。

約束すること、それを守ること

言うまでもありませんが、社会はたくさんのアワ・ルールで成り立っています。約束を理解し、それを守るという意識は、社会の中で生きていくうえで、重要な力です。マイ・ルールを設定されることによって抑制を促す段階から、ほかの人たちとの約束を理解するという段階に達したら、折々において、**指示や命令ではなく約束をする**ようにしましょう。

40

おはようございます

あいさつを身につける

理解するのは
5歳ころから

人と会ったとき、集団に入るときに使うあいさつことばです。「おはようございます」と言ったあとに、「おはようございます」という返事があるとうれしくなります。

あいさつは日々の生活のなかで身につく習慣です。大人が自分から家族や園、地域の人たちにあいさつしていると、子どもはそれをお手本にあいさつを身につけていきます。

オオカミの「おはようございます」

オオカミは、群れをつくる動物です。一匹オオカミが群れに近づくときには、風上から近づいて自分のニオイを飛ばします。そうやって自分の存在を知らせます。また、近づきながら群れに向かって吠えます。その吠え声が、「おはようございます」の起源と考える人もいます。

敵と味方を分けることば

人間もオオカミもおなじですが、はじめて近づいてくる相手が「敵」か「味方」かがわかりません。これを見間違うと被害を受けるかもしれません。オオカミの場合、においと吠え声が「敵ではありません」のメッセージを伝えているのでしょう。

「おはようございます」と群れに近づく不安と緊張

群れ（子ども集団）に近づくとき、子どもなりに緊張するのでしょう。「おはようございます」という群れに入るためのことばがスムーズに出ない子には、頭を下げればOKなど、**本人が表現しやすい方法を教えます。**

41 さようなら

「また明日」の笑顔につながる

理解するのは 5歳ころから

幼い子どもは、「さようなら」と言いながらニコニコと笑っています。また会えることを確信しているかのような表情です。

子どもと大人の「さようなら」は、異なる意味を持つようです。

楽しかったよ、「また会おうね＝さようなら」

「さようなら」と言いながら、友だちに笑顔で手を振る子どもがいます。「今日は楽しかった。明日も楽しくあそぼうね」という思いを込めているかのようです。

一方で、大人は、「さようなら」ということばが、素直に笑顔で言えない意味をもっていることを知っています。たとえば、恋人同士だった二人が別離するときにも、二度と会えないとわかっている相手に対しても「さようなら」ということばを使います。大人は、相手への今日の気持ちが、明日も続くということに確信が持てないことを経験しています。

子どもの「さようなら」は、毎日くり返される安定した日々が前提になっているのです。それが「また明日ね」の笑顔につながります。

二度と会えない悲しみを知る

ちなみに人は死んだら二度と会えなくなることを知るのは、4～5歳からとされます。ですから、親しい人が亡くなったときには、「また会おうね」という意味で使う「さようなら」を言えません。ただ黙ってはいても、会えなくなることの悲しみを心から感じているでしょう。

42

じゃんけんで決めよう

フェアを学ぶ

理解するのは
6歳ころから

子どもたちは、あそびの順番などを調整したりするときにじゃんけんを使います。じゃんけんそのものが、仲間とあそぶときには必須のスキルです。

じゃんけんは5歳台になると、9割の子が理解するとされます。

簡単な手順でわかりやすいじゃんけん

じゃんけんですが、決して日本だけのものではありません。世界各地で同様、あるいは似たようなあそびがみられるそうです。じゃんけんは、「グー、チョキ、パー」の形を指だけで簡単につくれます。それも即座にできます。このスピーディさや、簡便性がじゃんけんが広い範囲で見られる理由と考えられています。

フェアを保つ、一つのやりかた

じゃんけんでの勝負は、あっという間につきます。誰が見ても結果はわかりやすくなっています。じゃんけんもまた、子どもたち同士の間で、**「フェア」を保つ一つのやり方と実感します**。フェアだから、子どもたちは物ごとを決するときに、じゃんけんを使います。言い争ったり、けんかをするよりも賢い決め方でもあります。

43

みんなで決めよう

多数決の方法を知る

理解するのは 6歳ころから

物ごとの決め方にはいろいろありますが、6歳前後からは、多数決で決めるということがわかってきます。

多数決を理解するためには、まず、数の理解が必要です。数の理解は、子どもによって早い／遅いがあります。

みんなで決める

年長クラスにもなると、多数決で物ごとを決める場面が出てきます。ただ、子どもたちの**「数の理解」レベル**がそろっていないと、自分の意見を否定されたり、却下された子のなかには怒り出す子も出てきます。

こういう場合は、大人が補足して説明してあげる必要があります。

少数意見の尊重

場合にもよりますが、たとえば、却下された子どもの意見を取り上げて、**大人が「あとで話し合おう」と提案してみてください**。多数決だけで一方的に決めてよいのではない、**少数意見も尊重しなくてはいけない**ことを子どもたちに教えます。少数意見の尊重は、思いやりの気持ちをはぐくむことにもつながります。

◆あそびを通した社会性の発達

1･2歳ころ	同じ場所にいても一人であそぶ（平行あそび）
3歳前後	ほかの子とあそびたいと思う〜少人数での協同あそび
3歳ころ	順番が待てる、簡単なあそびのルールがわかる
4歳ころ	勝ち負け・順位がわかる
4･5歳ころ	ゲームなどのルールがわかる
6･7歳ころ	自分たちで相談してルールを決め、それに従ってあそべる
10歳ころ	与えられた役割を果たす。仲間を守ろうとする

44

バチがあたるよ

道徳への意識を促す

理解するのは
6歳
ころから

自分の行ないについて、道徳や、一般的な知識で判断しだすのは5～6歳からです。自分の考えではなくて、社会の基準を学び、それを判断材料とします。子どもは、自分の心の中に社会の基準を取り込むことで社会性を高めます。

成長とともに変化する判断基準

子どもは成長するにつれて、**判断基準を新しく獲得していきます**。前述しましたが、3歳台から、「好き」という基準で物ごとを判断するようになります。4歳台になると「勝ちたい」という気持ちが高まります。集団などでゲームをし、勝てたときにはうれしくなり、一方で負けると悔しくて、泣いてしまう子もいます。

この時期に子どもは、ゲームにはルールがあること、その**ルールを守らなくてはあそびが成立しない**ことを学びます。

またゲームでは、勝ち／負けがあること、結果がでるたびに自分の気持ちを出しすぎるのは「赤ちゃん」＝はずかしいことと思うようになります。あわせて、負けた子を慰めたり、励ます様子など思いやりの姿が見られるようになります。これは女の子に多いようです。

「強い」と「正しい」はどちらがいい？

ゲームのルール理解が、道徳という社会のルールに気づかせるのかもしれません。『強い』と『正しい』、どっちがいい？」という質問を5～6歳の子どもにしてみましょう。道徳がわかりはじめると、「正しい」を選ぶようになります。反対に「強い」を選ぶ子は、「勝ち／負け」の世界にいるといえます。「強い」を選ぶ子も、必ず、「正しい」を選ぶようになってきます。それまでは、待ちましょう。

ただなかには、「両方いい」と答える子がいます。どうして2つともを選ぶのか、子どもに質問してみるとよいでしょう。子どもなりの理由があったりします。

●風習に残る道徳への意識

昔は、ものを大切に扱わないと「もったいない」と注意され、そのあとに「バチがあたる」のことばが続いたものです。この「バチ」は神罰のようなもので、言われると子ども心に怖かったものです。いまではあまり使われなくなった「バチがあたる」ということばには、子どもに**道徳などへの意識を促す効果**があったのでしょう。

秋田の地方には、「なまはげ」の風習があります。年長さんから小学校低学年の子どもが対象のようですが、子どもの「悪い行ない」を指摘し、注意します。一方でよい行動はほめます。鹿児島県の島にも、似たような風習の「トシドン」があります。道徳などを形成する、この年頃に見合った風習だと思います。

◆発達過程における判断基準の獲得と特徴的な行動

1歳すぎ ……**取る／取られる**

ほかの子との間で、おもちゃなどを取り合う。取られると怒り、泣いたり、たたいたり、かみついたりする。

2歳前後 ……**いい／だめ**

自分にとっての「いい」ことの基準をつくり、思いどおりにしたがる。その基準に反すると、激しく抵抗する。「自分で！」という主張もその現れ。

3歳前後 ……**好き**

自分の好きなことが明確になる。それを無視されると怒り、尊重するように求める。「個性」の現れ。

4歳前後 ……**勝つ／負ける**

勝ち負けの意識が強まり、勝負にこだわるようになる。順位を理解するようにもなる。負けると大泣きしたり、1番にこだわる「一番病」も見られる。

5·6歳ころ ……**善い／悪い**

知識や道徳で物ごとを判断し、行動するようになる。また、自分の道徳基準に反する人を非難する姿も見られる。

6·7歳ころ ……**おもしろい／つまらない**

同世代の仲間とあそぶことをおもしろいと感じ、一緒にいたがるようになる。対して、大人といることは「つまらない」とも感じるようになる。

45 かっこいいね

自信につながる

理解するのは 6歳ころから

子どもは、6歳ごろから「かっこいい」ことに憧れを持つようになります。そして「かっこわるい」ことはしたくないと考えます。

とくに男の子は、「強い」であり「正しい」ことを意味することばとして使っているようです。「かっこいい」は社会化されていくうえで大切な判断基準となります。

「かっこいい1年生になりたい」

保育園で年長クラスにあがった6歳の男の子に「どんな1年生になりたい?」と聞いたら、「かっこいい1年生」という答えが返ってきました。「かっこいいってどんなこと?」と再度聞いたら、答えはありませんでした。じょうずに説明はできない段階だったのでしょう。

しかし**「かっこいい」ことへの憧れ**は生まれています。憧れることによって、**自分の理想に近づこうとする力**が働くようになります。**向上心が強まる**といえます。

「かっこいい」大人

とくに男の子は、6歳前後になると**「かっこいい」対象として大人の男性を意識する**ようになります。たとえば、スポーツクラブなどで、自分よりもじょうずにできるコーチは、子どもの目には、「かっこいい」という憧れの対象として映るでしょう。

また、運動などを続けていくと上達していきます。上達したことを憧れの人にほめてもらうことで、「自分はじょうずになっている」「できるようになった」という気持ちが生まれ、**子どもの自信につながります。**

大切な「乗り越え体験」

一方で、思うようにうまくなれないこともあるはずです。かっこよくなりたいという気持ちは、子どもがつまずいたとき、**できないという思いを乗り越えさせてもくれる**でしょう。この「乗り越え体験」は、小学校低学年のころから見られるようになってきます。

個人差はありますが、6〜7歳ごろまでは「眠たい」「つかれた」「暑い」などと不平を訴える段階があります。ところが成長するについて**「眠たかったけど宿題をやった」「つかれていたけど歩いた」「暑いけどがんばった」**と話すようになります。自分自身で、**自分を乗り越えていく体験**こそ、子どものほんとうの自信につながっていくことでしょう。

乗り越え体験と不適応

思春期になっても、自分の感じや思いがもっとも大切だと考えている青年は、「眠たいから宿題しない」「つかれるから勉強しない」「暑いからやらない」と理由づけをしがちです。子どものころの乗り越え体験がなかったか、少なかったのでしょう。そのまま自立期を迎えてしまったために、自分自身で困難を乗り越えていくことができないのです。

もちろん、子どもに「乗り越え体験」をさせようと、いろいろなものを無理強いするのは問題です。子どもは苦痛に思うことでしょう。子どもが**自発的に乗り越えようとするまで待つ**必要もあります。

第2章

こんな子にはどうする？

26のエピソード

子どもの気質、性格、あるいは発達過程で大人が気になることをＱ＆Ａでまとめました。第１章のことばかけをいかして、子どもの特性をのばす関わりのヒントにしてください。

1

泣き止まない子

—泣き続ける姿の内に秘める心の発達

Q

いやなことがあると、半日ぐらい泣きつづけます。気持ちを切りかえるにはどうしたらいいでしょうか?

A

子どもが、気持ちの切りかえができずに泣き続ける姿を見せはじめるのは、おおむね4歳以降です。このころになると、たとえば園からの連絡帳になんと書いてあるのかを気にするようになります。社会的評価に敏感になるといえます。また表情とは別に、心の存在に気づき、ときに「恐れ」を強く感じるようになります。

泣き続ける原因には、さまざまなことが考えられますが、赤ちゃんのときの泣きとは別物と考えます。子どもなりに成長してきて、わかるようになったことが増えるとともに、一方で理解できないことも多くなります。ただ**子どもは、自分の葛藤を言葉で表現できません**。それが「泣き続ける」という行動になります。

泣き続ける子どもには、2 **大丈夫**といい、**自分が「子どもの味方である」**ことを強調しましょう。気分転換に、外出に誘ったり、運動や制作など違う活動に誘うことも有効です(5 **お外にいくよ**、9

おうたしよう）。成長するにつれ、子どもは泣かなくなります。

2 ウジウジ落ち込む子
―もって生まれた「気質」と後天的に変えられる「性格」

Q **5歳の息子はウジウジしています。小さなことでいつまでも落ち込んでいるのですが、なんとか踏ん切りをつけさせる方法はないでしょうか。**

A 子どもには、せっかちとかのんびり屋さんなど、もって生まれた傾向があります。これを**「気質」**といいます。子どもは年齢に合わせて成長の姿を見せ、発達していきます。発達するなかで、親をはじめ家族や仲間、環境などの影響を受けながら「性格」を形成していきます。自分が好きなあそびや、仲良しの友だちなど**「嗜好性」**もはっきりとしてきます。

性格は変えられるといいますが、気質とは違い性格は後天的に形成されるからです。性格の形成には、物の見方も影響します。たとえば、おもちゃを乱暴に扱う子に、**「大切なものよ。やさしくね」**と教える大人がいれば、子どもは丁寧に扱うことを学ぶでしょう。しかし、そういう学びの機会ない子は、乱暴に扱うことが当り前と思うかもしれません。その結果、「乱暴な子（性格）」とされたりします。

質問には「ウジウジ」とありますが、親から見たらそう見えるかもしれませんが、慎重な気質の子どもかもしれません。「いつまでも落ち込んでいる」というのも大人の見方であって、考える力がしっかりと身についているともいえます。

ただ、ある見方を学んでいない可能性はあります。「大切」のことばと似て、子どもは3歳くらいから28**残念だね、仕方がないね**ということばの意味がわかってきます。**気持ちの転換を促すそのことばを理解する**ことで、たとえば好きなおもちゃが壊れても、「仕方がない」とあきらめることができるようになります。子どもが、スムーズに切りかえができないようでしたら、「残念だね、でも仕方がないんだよ」と話しかけてみてください。きっと、切りかえが早くできるようになるでしょう。

3 なかなかしゃべりはじめない子

―ことばの遅れと子どもの発達

Q

息子はおなじ年齢の子どもよりことばの発達が遅く、心配しています。どうすればことばをたくさん獲得するようになるのでしょうか?

A

寝返りや歩くなどの運動発達や、ことばの遅れは、親にとって大きな心配ごとです。一般的な子どもの発達の姿が、わかりやすく示されている本などを通して、我が子の運動やことばの遅れに対して過敏になってしまうこと親御さんは少なくありません。

たとえば、歩きはじめるのが遅い子がいます。発達障害が原因で、なかなか歩かないことはあります。ところが、「良性の運動発達の遅れ」という子もいます。遅れながらも、そのうちに歩けるようになり、いつしか健常の子と変わらなくなります。

おなじように、ことばの発達が遅い子もいます。とくに男の子に多いといわれます。こういう子は、2～3歳ごろには遅れを感じさせますが、じょじょにことばを獲得し、遅れが目立たなくなる場合があります。**「良性のことばの発達の遅れ」**といえる子です。

歩くなどの運動も含めて、子どもの発達は環境などにあまり影響を受けない「強靭性（きょうじんせい）」を持つとされます。とはいえ、個性的な姿で発達していく子がいるのも確かです。幼児期の発達がゆっくりな子を「スロースターター」と呼びます。こういうタイプの子は、大きくなるにつれほかの子との差が目立たなくなります。大器晩成型と考えてもいいでしょう。

最近、発達障害のある子が増えているとされます。発達にはさまざまな側面がありますが、なかでも、とくに社会性に問題をもつ子が増加しています。増加の原因には、スロースターターの子を、発達障害と見なしているとの批判もあります。

ことばの遅れが心配な場合は、自治体によって名称が違いますが「発達支援センター」や保健所などに相談されることをおすすめします。**専門家が直接子どもを見ないと、ほんとうの遅れかどうかの判定**

はむずかしいからです。遅れがあれば、子どもの状態に合わせた対応が必要です。

4 友だちになじめない子
―友だちができにくい子の7つのタイプ

Q 積極的な性格でなく、新しいクラスでなかなか友だちができません。仲良しだった子とは、別のクラスになり、進級後は教室で一人あそびしていることも多いようで、さみしそうにしていると先生から言われています。

A 前述しましたが、子どもには、もって生まれた「気質」があります。おなじように育てた兄弟姉妹でも、一人ひとり違います。仲良しになるには、相手との相性も影響します。人間には、もともと多様性があります。多様性があったから、人類は生き延びることができ、また地球上の霊長類では最大数の生命体ともなりました。

男の子に多いのですが、一人あそびが好きな子がいます。よく協調性が必要とされますが、大人になったときには一人で黙々とする仕事はたくさんあります。たとえば、一人でものづくりに励む職人や、研究者、作家などです。大人は、**「一人あそび＝さみしい」と決めつけず**、その子の特性であり、**才能か**

もしれないと理解しましょう。

なお、幼児期では「好きなもの」がおなじだと交流が生まれやすくなります。たとえば、電車のおもちゃが好きな子同士は、いつの間にかいっしょにあそぶようになります。好きなあそびがあって、それに集中していれば、おなじことが好きな子とそのうちに仲良くなっていきます。

また4〜5歳になると、集団あそびができるようになります。園などでクラスになじめないと気になる子がいる場合は、みんなでのあそびに誘ってみましょう。こうしたあそびのなかで、競争心もでてきます。

一方で、ほかの子と楽しくあそべるようになると、子どもは「さみしい」というようになります（24 **さみしい**）。「さみしい」を子どもが口にするとき、心の内には**友だちがいなくてさみしい、仲間とあそびたい**という意味が含まれているようです。「さみしい」と言いながら、ほかの子を求める気持ちが強まっていく時期でもあるので、子どももきっと変化していくだろうと思います。

ちなみに、都内の17の保育園で、「友だちができにくい子ども」がどれくらいいるかという調査をしたことがあります。約5パーセントの子が「友だちができにくい」と見なされ、先生たちが心配しているということがわかりました。

年齢別にみると、3歳児、4歳児が多く、5歳児になるとやや少なくなります。また、友だちができにくい子の特徴は、大別して7つのタイプがあるという結果が出ました。

① 「一人あそびが好き」タイプ
② 「引っ込み思案」タイプ

③「ちょっとわがまま、ちょっと乱暴」タイプ
④「落ち着きがない、多動」タイプ
⑤「動きがゆっくり、あまり活発でない」タイプ
⑥「発達に遅れがある」タイプ
⑦「自閉傾向がある」タイプ

5 進級して登園を嫌がる子

―集団に入っていくことは緊張する

Q 楽しく通っていたはずの幼稚園でしたが、進級してあたらしいクラスに変わってからは、入園当初のように毎朝、大泣きして登園するのをいやがるようになりました。園に着き、いったん活動がはじまれば、楽しくしているようです。どうしてこうなるかわかりません。

A 「おはようございます」とあいさつをしたときに、その場の人から「おはよう」と返されれば、スムーズにその場に入っていけます（40 **おはようございます**）。自分が、**その場の人か**

ら受け入れられたと感じるからでしょう。

逆に、「おはよう」が返ってこないと緊張します。子どもが集団に入っていくときも、このような心理が働いていると思います。自分が集団から受け入れられたと感じる何かが必要なのでしょう。

子どもの育った環境によって違いはありますが、子どもは集団から受け入れのサインが発信されない、受け取れないことに不安を感じます。そのために、質問にある子のように大泣きするのだと考えられます。ただ集団に入ることができているのであれば、時間がたてば泣かなくなります。

入室時に「おはようございます」と元気にあいさつを交わしたり、親御さんがクラスの友だちに話しかけるなどして和やかな雰囲気をつくり、**集団に入るときの緊張を和らげてあげる**のも解決策となります。

6 協調性が低い子

―「いっしょに」から集団あそびへ

Q

娘の振る舞いが、自由奔放です。個性は尊重してあげたいけれど、ちょっと協調性がないのでは……？　と心配になります。協調性を育てるには、どうしたらよいのでしょう。

A

子どもは、2歳前後から「いっしょに」ということばを使いはじめます（15 **いっしょにやろう**）。たとえば「いっしょにネンネ」「いっしょにオフロ」と話します。このころから、お友だちと手をつないで少しの距離ならばいっしょに歩けるようになります。人の動きを真似て踊ったり、歌うのがじょうずになってきます。相手を意識し、相手の動きに合わせて行動できるようになってくるのです。

一方で、2歳前後から「自分の思いどおりにやりたがる」ようになります。いわゆる「自我が目覚めた」と表現される時期です。このころは「恐るべき2歳児」とも呼ばれ、親としては扱いづらい時期です。しかし子どもの発達という視点からすると、自発性、想像力、集中持続力など、さまざまな能力が飛躍的に伸びる時期ともいえます。

「いっしょにやりたい」、その一方で**「自分の思いどおりにしたい」**、その2つの思いの間で子どもの心は揺れ動きます。その結果、ときには子ども同士の意見があわずにけんかになることもあります。ときには自分をこらえ、相手に合わせることもあるでしょう。そうした体験を積みながら、少しずつ人との関わり方を学んでいきます。

そして、4〜5歳になると、フルーツバスケットやいす取りゲームなど、集団あそびが好きになります。集団あそびのときの、楽しそうな笑顔や愉快そうな笑い声は印象的です。子どもは「いっしょにやるのは大変だ」けれども、でも「みんなとやるのは楽しい」と思っていることでしょう。子どもの協調性ですが、**ほかの子たちとの楽しい活動が伸ばしてくれます**。子どもには、「いっしょにあそべて楽しいね」と語りかけてみてください。楽しさに気づき、協調性も伸びていきます。

7 自分の都合でしか動かない子
―大人と違う「子どもの優先順位」

Q

5歳の男の子です。お手伝いやお片づけなどはだいたい後回しにして、あそびなどを優先してしまいます。ちょっと自分勝手な性格なのではないかと、気になります。

A

大人は、生活をスケジュールどおりにまわしていくことを優先しがちです（38○番目にやってね）。大人にとって優先順位が高いのは、お手伝いやお片づけなどです。一方で子どもは、目についたおもちゃ、思いついたあそびに気持ちが向き、お手伝いなどは後回しになりがちです。

子どもは大人になるまでに、自分が**好きなことを見つけ出**さなくてはいけません。また、**できること も増やす**必要があります。好きなことが見つからず、できることがないと、大人になったときに、社会に参加することができなくなる可能性があるからです。

大人のスケジュールにつき合っていると、子どもは好きなことに集中できません。中断ばかりしていると、できるようにならないかもしれません。とはいえ、子どもの思いばかりを優先していると、毎日の暮らしはスケジュール無視状態になってしまいます。まずは子どもはなぜ、お手伝いやお片づけを後回しにするのか、**その理由を了解**しましょう。そして**後回しは、親への反抗などではない**ことを理解します。

4〜5歳になると、子どもは約束ができるようになります（**39 約束をしましょう**）。大人が「**□□が終わったら、お手伝いだよ**」「**時計の長い針が6になったらお片づけね**」といえば、そのことばを理解し、守れるようになってきます。

約束というのは、子どもにも交渉の余地があり、大人の一方的な指示や命令よりも素直に聞き入れてくれるでしょう。もちろん子どもですから、100パーセント守れるわけではありませんが……。

8 生返事を返す子
―一文一意で語りかけ

Q **母親である私のいうことに、よくテキトーな生返事をします。ちゃんと聞いてるの！と叱ることもしばしば。ちゃんと話を聞いて、理解し、行動できる力を育てたいのですが……。**

A たとえば、大人が「お風呂に入りなさい」と指示を出しても、子どもがあそんでいるときは、無視されるか、「あとで」という返事が返ってきたりします。これは前述した**大人と子ども**

の優先順位の相違による、子どもの姿と考えられます。

それだけでなく、子どもの理解度にも目を向ける必要があります。

たとえば、「早く着替えて、靴をはいて、玄関で待っていなさい」と子どもに言ったとします。この指示には、①着替え、②靴をはく、③玄関で待つという、3つの指示が含まれています。

もし、子どもにとってこれがはじめて聞いた指示ならば、**3つの要素を確実に実行できるのは7歳前後**とされます。聞いたことを一時的に記憶に留め置くことができないと、指示を実行することはできないからです。話を聞いて、覚える短期記憶のことを**「ワーキングメモリ」**といいます。

年齢とともに、ワーキングメモリに記憶できる容量は増加します。10代半ばから30代までがピークで、この年齢層では一般的に7つの要素を覚えられるとされます。大人が、自分の記憶できる容量で話しかけると、**子どもにとっては、しばしばむずかしい内容**になってしまいます。

ちなみに4~5歳の子どもだと、2つ程度しか覚えられません。

つまり、話しかける内容が、子どものワーキングメモリ容量を越えてしまっているために、子どもは理解できていない可能性があるのです。言われていることがわからないから「テキトーな生返事」を返しているのかもしれません。子どもには丁寧な話しかけが大切だとされますが、理解していないような場合は、**「一文一意」を心がける**とよいでしょう。

9 怒りんぼうの子
―気質を乗り越え感情をコントロールする

Q 怒りんぼうの息子。怒ってるときはすぐ顔にでてしまいます。お友だちも、「○○くん、こわい」と逃げてしまうことも……。どうしたら、お友だちとうまくやれるでしょうか。

A 人から大切な物を奪われたり壊されたりすれば、自然に怒りが湧きます。怒りの感情は、生きていくために必要なものなのです。たとえば、怒りによって自分自身や大切な家族、物を守ろうというアクションが起こります。

生まれ持った気質が「怒りんぼう」であるという子はいます。喜怒哀楽という感情の中で、喜びや楽しさはほかの人との関係をよくします。哀しみは共感が生まれやすく、人との結びつきを強めます。しかし怒りは、人との関係を壊す可能性があります。

子どもは発達するにつれて、泣いたり怒ったりといった表現から、ことばで主張できるようになります。これを**「行動化から言語化へ」**といったりします。子どもが怒った表情をしたときには、「怖い顔をしているよ、やさしく言って」と語りかけてください（25 **怖い顔をしない**）。

なお、自分の顔の表情を把握し、人からどう思われるかがわかるのは9~10歳とされます。それまでは自分をなかなか客観視できませんし、感情のコントロール力も十分ではありません。怒りは制御する必要はありますが、忘れてしまうと大切なものを守る力が不足することになります。

10 けんかっぱやい子

―成長にあわせて変化する「けんか」

Q 息子のけんかで悩んでいます。友だちと、すぐに口げんかをはじめ、次第に手や足が出ることもあります。そのつど言い聞かせていますが直りません。どうすれば伝わるのでしょうか?

A **けんかの原因は、年齢により違いがあります。**1歳台では、ほかの子とのおもちゃや母親の取り合いでけんかになります。それが1歳後半になると、「○○ちゃんといっしょにあそぼう」の言葉かけの「いっしょ」の意味が理解できるようになり、取り合いのけんかは減ります（**15 いっしょにやろう**）。

「自我が出てきた」と表現される2歳前後から、自分なりの「□□なつもり」が強まります。ほかの子とのトラブルは、自分の思いどおりにしたいけれどそれが通らないときに起こります。一方で、思いどおりにならない体験を積み重ねながら、我慢ができるようにもなります。たとえば、ほかの子から「貸して」と頼まれたときに「いいよ」と答え、貸せるようにもなります（30 **貸して〜→いいよ**）。**貸し借りのルールを理解しそれに従って行動できることで、けんかをしなくなります。**

3歳前後になると、少人数であそべますが、一方で自分の「好きなこと」も明確になります。**ほかの子を、自分の好きなあそびに誘いますが、いつもうまくいくとはかぎりません。**それが、子どもどうしの争いの種になります。この時期ですが、「順番」を理解しはじめます（31 **順番だよ**）。順番に好きなあそびをすることで、トラブルを回避できるようにもなります。

4歳になると「勝ちたい」という気持ちが強まります。「一番病」ともいいますが、何でも勝てないと気に入りません。それがけんかの原因になりがちです。一方で勝つことよりも、ルールを守れた、ほかの子を応援した、負けた子を慰めたといったことに価値を置くようにもなります。勝ちたがる子にはルールを守らせ、ほかの子への応援や慰めを促します。

5、6歳になると道徳などの社会的規範を理解しはじめます。その結果、道徳やぶりの子を許せずに強く「□□してはいけない」と非難し、それでけんかに発展します。しつこく相手を責める子は、相手の話しを聞くようにたしなめます。

けんかの原因は成長にあわせ変化します。けんかの理由は**「取り合い」「自分のつもり」「好きなこと」「勝ち負け」「道徳規準」のどれなのか**を見極め、それにあった内容で対応してみましょう。

11 仲直りしたがらない子
―成長における「心」の理解の深まり

Q

5歳の娘が「Sちゃんに意地悪された!」と言うのでよく聞くと、うっかり物をぶつけられたことが許せないみたいです。相手の子もしょげてしまっているので、なんとか仲直りさせたいのですが……。

A

子どもは成長の中で、相手の気持ちや考えに気づくようになります。たとえば、1～2歳の子どもは、自分がしたりいったりしたことを大人が笑うと、自分も笑います。ところが**3歳台になると、ときに自分をバカにして大人が笑っていると思いはじめます。**こうなると、「笑わないで」と大人に注文します。

4歳前後から少しずつ、人の内面にある気持ちや考えがわかります。それに気づきはじめると、たとえば「お母さんは怒った顔しているけれど、ほんとうは怒っていないよね」と表現したりします。**顔の表情と、心のなかにある気持ちは必ずしもおなじではない**という、外面と内面の二重性を理解しはじめます（37 **わざとじゃないよ**）。

内面に気づくようになると、子どもは人のいやがることをいって、相手の気持ちを引き出そうともします。容貌や体型をからかい、**相手から引き出した「怒り」の反応を喜びます**。

さらに成長が進むと、「原因と結果」の因果関係がわかりはじめます。因果関係を理解できるようになると、たとえば「うっかり物をぶつけられた」（結果）、それは「～ちゃんが意地悪でやったに違いない」（原因）と考えてしまいます。ところで私たちは、悪意がなくてもほかの人とぶつかったり、物を壊したりします。このときに、悪意がなかったことを示すのが「わざとじゃない」であり「ごめんなさい」という言葉です。

物をぶつけた子は、わざとじゃないことを示す、「ごめんなさい」を言えなかったのでしょう。それで、ぶつけられた側は、許したくてもそれができずに、困ってしまいました。このころの子どもたちのトラブルには、よく見られる姿です。納得できずにいる子には、**「わざとじゃないよ」「ごめんなさいを忘れただけなのよ」と諭します**。

12 謝ることができない子

―「ごめんなさい」が理解できるまで

Q

息子は「ごめんなさい」が言えません。うっかり悪いことをしてしまった時に、謝りません。きちんと自分の口から「ごめんなさい」が出てくるようにしたいです。

A

子どもは4～5歳になると、たとえばほかの子がぶつかってきたときに、それが「わざと」か「わざとじゃない」かを気にするようになります（37 **わざとじゃないよ**）。行為そのものよりも、相手の動機の方が重要になるともいえます。この時期になると、ぶつかった子はわざとじゃないときには「ごめんなさい」と謝る姿も見られます。

ただ、スムーズに謝れない子がいます。そうすると、ぶつかられた子は「わざと」かそうでないかを判断できません。そこで、謝るように要求したりします。それでも相手の子が、「ごめんなさい」を言わないと、どうしたらよいかわからなくなり、泣きだす子もいます。

まだ「ごめんなさい」という言葉が出てこない子どもは、自分の行為が「わざと」かそうでないかが判断できない段階だと思います。自分の内面というのは、見えたり触れたりできるものではなく、子どもにとっては理解しにくいことなのでしょう。そのうち理解できるようなるでしょう。場面に応じて「ごめんなさい」と言わなくてはいけないことを教えながら、**自分の内面を見極めている時間を与えましょう**。

13 すぐに「きらい」と言う子
―好きを発見し世界を広げていく子どもたち

Q 子どもが「きらい！」ということばをよく使います。きらいなものだらけになってしまうのは、よくないように思うのですが……。

A 子どもの場合は、「好き」の反対は「嫌い」ではなく「無関心」のようです（23 **好き？**）。好きな人や物が多ければ、子どもの世界は広がり、豊かな体験を積むことができます。「子どもはあそびの天才」といったりしますが、好きなことを次々と見つけながら、友だちも増やしていきます。

一方で、**嫌いな人や物が多いと、関わりが狭くなり子どもの世界は貧しいものになるでしょう。**

2歳の子たちは、たとえばお互いに電車を動かしながら、でもいっしょにはあそべません。いわゆる「平行あそび」の段階です。ただ、おなじあそびをしている子をチラチラと見たりします。**ほかの子のあそびを気にしていることがわかります。**

3歳台になると、好きなあそびがおなじ子たちと、「協同あそび」ができるようになります。そして、あそびを通して**「好きな子」が固定化する**こともあります。たとえば4歳の子に、好きな子の名前を聞いてみます。名前が出たら、「どうして好きなの？」と質問します。すると「いつもいっしょにあそんでくれるから」という答えが返ってきたりします。**好きなことがいっしょだから、友だちになった**ことがわかります。

子どもは、４歳をすぎるころから断定的に「きらい」とはいわず、「きらいなときもある」「きらいかもしれない」とあいまいに表現するようになります。もしも子どもが、「きらい」と断定的に言うようであれば、**あいまいな表現法を教えましょう**。あわせて、好きなこと楽しいことをたくさん体験させるようにします。

14 ふざけすぎる子
—笑いで苦手意識や失敗を忘れる

Q

しばしばおふざけがすぎて、クラスメイトにいやがられてしまいます。本人が気づいて、直してほしいのですが……。

A

子どもたちは、言い間違いなど、誰かが失敗したときに互いに笑い合ったりします。４～５歳から盛んになってきます。**笑い合うことで失敗したことは平気である、たいしたことはないと思うのでしょう**。

このころから子どもは、自転車やなわとび、さらには文字や数の世界が広がっています。「じょうずにならなければいけないこと」が山のように待っているともいえます。**失敗したことに気をとられてばかりいると、苦手意識がでて、取り組む意欲が低下します。**結果的にじょうずになれません。**笑って失敗を忘れる必要があります。**

サッカーの試合などで、観客はしばしば熱狂します。大人には度がすぎているように思えても、ふざけて笑い合えばほかの子たちとの共感も生まれます。それが大きくなって、**「熱狂できる＝心から楽しめる」気持ちにつながる**ように思います。

なお、小学校高学年になれば、ふざける姿も減ってきます。大人に近づいた証拠です。

Q 15

危ないことばかりする子
―危険にチャレンジする男の子、用心深い女の子

友だちにかっこいいところを見せたいのか、あぶないことばかりします。注意してもやめません。

A

一般的に男の子は活発で、危ないことが好きです。危ないことにチャレンジし、結果的にケガもよくします。一方で女の子は危ないことよりは「ままごと」など、おとなしいあそびを好みます。

よく見られる性による違いですが、女の子が静かで用心深いのは、大人になって赤ちゃんができたときのためともされます。母親が活発すぎると、お腹の赤ちゃんに悪影響を及ぼしかねません。

たとえば火事の現場で、燃える家などに飛び込むのは、ほとんどが男性の消防士です。社会の中では、危険な仕事や役割を担うのは男性が多数です。子どものころから「危ないことに挑戦する」なかで、そういう仕事や役割を担えるように成長するのだと思います。

また男の子は、同性の友だちとふざけはじめると、それがエスカレートしていくという特徴もあります。たとえば、ラグビーや野球などのチームスポーツでは、メンバーに「一体感」が求められます。ふざけすぎは困りものですが、**仲間とふざけることは、チームで仕事ができるようになるための学習の場**とも思います。

16 慎重すぎる子
―挑戦する気持ちを高める対応

Q 慎重派の娘に、積極的に前に出るタイプの子どもになってほしいのですが、どんなことばかけをすればいいのでしょうか？

A すべり台を前にして「怖いから、いや」と言う子はいます。その多くは女の子です。一般的に女の子は危険なことを避ける傾向があります。ままごとなどの静的なあそびを好み、あそぶ時間も男の子に比べて長いとされています。

男の子はよくけがをしますが、女の子はあまりけがをしません。けがをしても、男の子よりも軽いことが多いようです。

それはわが身を守るためだけではありません。大人になって赤ちゃんを宿したときに、その命を守るためにも必要とされているからです。もし母親が危険を避けずに、乱暴にからだを動かせば、赤ちゃんの成長に悪影響となりかねません。ですから、けがの少なさと慎重な動きは、女の子の特徴でもあります。

しかし、あまりにも**子どもがしり込みをするようなときには、「大丈夫だよ」と話しかけて安心させてあげましょう**（2 大丈夫）。一人でできなくても無理強いはせず、**「お父さん／お母さんもいっしょ**

にやるよ」と言いながら、少し手伝ってもよいでしょう。そうすることで、少しずつやってみようという気持ちが芽生えてきます。そうやって怖さを克服し、できたときには、**「すごいね、お姉さんになったね」といっぱいほめてあげます**（14 **お兄さん お姉さんになったね**）。

また4歳前後になると、子どもは競争心が強まってきます。その成長が挑戦する気持ちを後押ししてくれるようになります。たとえば、**「○○ちゃんはやっているよ。どっちがじょうずにできるかな」**などと、声かけをしてみましょう。そのようなことばかけが、子どもの競争心を刺激します。競争心が、しり込みする気持ちを忘れさせることがあるからです。なお、男の子にもしり込みする子がいます。その場合も、おなじような声かけと競争場面を使い、参加への意欲を引き出します。

17 失敗するとふてくされる子

―感情のコントロールを促す「他者から見た自分」のイメージ

Q

失敗するとすぐに投げ出して、ふてくされて怒ります。親としては、扱いにくくて困ってしまいます。どうしたら、止められますか？ またどうしてすぐ投げ出してしまうのでしょうか。

A

たとえば、人の行き交う駅で転ぶと、痛さよりも「はずかしさ」が先に立ったりします。おなじように転んでも、家の中では痛みを強く感じます。私たちの心は「自分自身」とともに、「他者から見た自分」の二つで構成されているとされます。このように、客観的に自分自身のことを観察する働きを、心理学では「メタ認知」といいます。駅で転んではずかしいのは、「他者から見た自分」の姿が滑稽にちがいないと思うからです。反対に家には他者の視線はないので、はずかしさは感じず、純粋に痛みを感じます。

子どもの心に、「他者から見た自分」が組み込まれるのは9～10歳とされます。それまではメタ認知がじゅうぶんに働かず、自分の言動が人の目や心にどう映っているかを考えられません。幼児期の子どもは、メタ認知が未形成と理解しましょう。

子どもがふてくされたときには、「赤ちゃんみたいだよ」と指摘します。そして**「お兄さん、お姉さんはそういう顔しない。笑ってください」**と大人が笑いながら、よい手本を示します（25 **怖い顔をしない**）。

怒ったときには「やさしくいって」と伝えます。感情はコントロールすべきことを教えていきます。すぐに物ごとを投げ出すときには、親子でいっしょに取り組み、子どもがつまずいている箇所を理解し手伝います。

あわせて**「がんばっているね」と子どもを応援**します。「ダメね」「へたくそ」など、否定的なことばかりを言われる子どもは、マイナス傾向のメタ認知を形成するかもしれません。まわりの子どもや大人から、適切でプラスに取れる評価を受けることで、自己肯定的なメタ認知は育っていきます。

18 子どもの失敗をばかにする親

―子どもが失敗したときの対応

Q

夫は、ふざけて子どもの失敗をばかにしたようなことをいいます。そんな接し方に疑問をおぼえます。

A

「人が失敗したときに笑ってはいけない」と大人は考えます。ところが、子どもは違います。少なくとも小学2、3年生頃までは、仲間の失敗を互いに笑いあいます。そうして未熟な子どもたちは、失敗をくり返し、学んでいきます。ただ、失敗のたびに反省し、落ち込んでいたならば、挑戦する気持ちが湧いてこないかもしれません。**仲間同士で笑い合うことには、失敗したことを気にしないようにする、それで再挑戦できるようにし、そして成功させる**、そういった役割があるように思います。

ですからとくに**身近な親は、子どもの失敗をまずは笑ってあげる必要があります**。失敗しないようにするための方法を教えることは、子どもを萎縮させるかもしれません。「バカにした」という内容がよくわかりませんが、失敗を笑い話にするのならば問題はないと思います。

しかし、もし**嘲笑するような対応をするのであれば、注意が必要です。**4～5歳になると内面も豊かになるので、お父さんの接し方によって、**自尊心が低下する可能性があります。**笑い話に切りかえて対応するよう、心がけてもらいましょう。

19 行動が雑な子
―幼いころから身につけたい「もったいない」の価値

Q

水を出したら出しっぱなし、物を扱えば乱暴に扱ってすぐ壊すなど、行動が雑で困ってしまいます。どんな声かけをしたらよいでしょうか。

A

子どもは子どもなりに、自分で考え判断、行動しています。この判断のもとになる考え方を、子どもはまわりから教わりながら獲得していきます。この考え方は、所属する集団の文化や価値観に影響を受けます。

私たちは、「水を出しっぱなしにする」「必要ないのに電気を消さない」「ティッシュを何枚も使う」ということができません。そうしている子を見れば、注意します。**その判断の根拠は、「もったいない」からです。**

ノーベル平和賞を受けた故ワンガリ・マータイさん（２００４年受賞）。彼女は、地球を救うには、「MOTTAINAI精神が必要」と説きました。「MOTTAINAI」は、日本語です。

では、どうしてローマ字表記なのでしょうか。英語に、「もったいない」に近い、浪費（waste）、意味のない（unreasonable）ということばはあります。ただ日本人が思う「もったいない」には、畏（おそ）れ多い、ありがたいなど宗教的ともいえるバックボーンがあります。英語の単語は、意味は似てはいるけれども、必ずしもおなじとはいえません。

一般的に、子どもは４歳すぎくらいから「もったいない」という考え方がわかってきます。「もったいない」がわかると、たとえば大人が水や電気をむだ使いしていると注意したりします。注意する姿から、子どもが日本的な「もったいない」の判断基準を獲得したことがわかります。

なお昔は、「もったいない」のあとに、「バチがあたる」と続いていました。価値観の変化もあり、最近はこの「バチ」はあまり使われていませんが、私は、子どもの社会性を育むための大切なことばだと考えています（44 **バチがあたるよ**）。

20 「お兄さん」になったことを自覚させたい親

―お手伝いと社会化

Q

4歳になった息子です。進級してお兄ちゃんになった自覚をもたせるために、お手伝いをさせてみたいと思います。お手伝いをさせることには、どんな効果があるでしょうか。

A

子どもは2～3歳になると、「見て！ 見て！」と、大人に要求します（13 **できたよ！見て！→じょうずだね**）。見てほしいものは、自分でできるようになったことや、絵などの作品だったりします。この「見て！」は、社会的に認められたいという気持ちの現れで、**「社会的承認欲求」の芽生えとして、子どもの発達にとって重要な役割を持つ**と考えられています。

大人でも、自分の仕事を誰からも認められなければ、やる気は起こらないでしょう。逆にいえば、仕事などへの意欲は、「社会的に承認されたい」という気持ちから湧き起こります。

認められたい気持ちは、お手伝いをしたがる姿や、園での係仕事などにも示されます。子どもが意欲を見せ、できるようになったら**「すごいね」「お兄さんになったね」**とほめてあげましょう（14 **お兄さん お姉さんになったね**）。子どもはきっと誇らしげな表情を見せます。認められている子どもは、気持ちも安定します。

お手伝いは誰かのために何かをして「あげる」行為です。この「あげる」行為は、たとえば「お菓子を分けてあげる」「仲間を応援してあげる」「お年寄りに席を譲ってあげる」など、**人へのやさしい思いから生まれる行為**です。こういった行為を、「向社会的行動」ともいいます。**向社会的行動は、ほかの子や人との結びつきを強めてくれます。**子どもの社会性の成長にとって、習得すべき大切なものとされます。

ある有名進学校の話ですが、入学した中学1年生に「将来就きたい仕事」を書かせます。驚いたのは、希望の仕事のほとんどが「医師」や「教師」だったことです。勉強ができる子たちですが、自分のためだけではなく、誰かの役に立ちたいという思いがあるから、勉強への意欲もわくのでしょう。4歳の息子さんのお手伝いは、この**「人の役に立ちたい」という気持ちを育む**ためにも必要な活動です（26 **ありがとう**）。

21 お兄さんの自覚を感じられない子

―社会的感情を伸ばしていく方法

Q ほかの子に比べて、やる気がないような感じがします。保育園で下の年齢の子と接する機会もあるのですが、あまり面倒を見たりしないようです。年上だという自覚がないのでしょうか。なんだか心配になります。

A 感情には、喜怒哀楽、好き嫌いといった「個人的感情」と、人との関わりの中で芽生える「社会的感情」の二つがあります。赤ちゃんは、大人が笑顔を向けると笑ったり、気に入らないと怒ったりします。個人的感情は先天的にそなわっているもので0歳児にも見られます。

社会的感情は、「大きくなったね」「お兄ちゃん」「お姉ちゃん」と人からほめられると喜びはじめる2歳前後から生まれるとされます（14 **お兄さん　お姉さんになったね**）。**自信、意欲、自尊心、憧れなどにつながっていきます**。

このくらいの年齢は、前項（「150ページ「お兄さん」になったことを自覚させたい親」）でも書いたように、「社会的承認欲求」の芽生える頃です。

たとえば画用紙に丸のような絵を描いて大人に「見て、見て」と要求したりします。認めることの大切さを知る大人は、子どもに対して**自然に「じょうずだね」「すごいね」とほめて反応**します（13**できたよ！　見て！→じょうずだね**）。実際には、子どもの絵はじょうずではありません。しかし、ほめられることで子どもは描くことへの意欲を形成し、じょうずな絵がかけるようになっていきます。

子どもの中には、あまり活発ではなく、また「見て、見て」という気持ちが薄い子がいます。こういう子の場合は、**大人が積極的にほめ、認めてあげる**必要があります。4～5歳になると、子どもの中に集団意識が芽生えはじめ、強まってきます。小さな子といっしょの活動を意図的に設定し、じょうずに関わることができたら、みんな（仲間集団）の前でほめてあげましょう。そのことで、子どもの関わろうという意欲を引き出していきます。

22 弟に「いじわる」をする子

―年齢差による感覚の相違と兄・姉に理解させる方法

Q

5歳のお姉ちゃんが2歳の弟にいじわるをします。思いやりのある子どもになってほしいのですが、なかなかやめません。どんなことばかけをすればいいのでしょうか？

A

「テリブル・トゥ（terrible two）」ということばがあります。「恐るべき2歳児」という意味です。2歳児は自分を強く主張し、思いとおりにならないと怒ったり、泣き叫びます。ちょっと前の赤ちゃんのころとは大違いで、「自我が出てきた」とか、「第一次反抗期」と呼ばれたりします。

子どもの発達の目的ですが、「自分で考えて判断し、行動できるようになること」とされます。2歳児は反抗しながら、自分で判断できる力を獲得していきます。質問の例だと、2歳の弟に反抗的な態度があり、それがお姉さんに対しても示されてはいるのではないかと推察します。

一方、5歳児になると、「わがままを通すために大騒ぎをしてはいけない」という常識を身につけます。また「小さい子にはやさしくすべき」という道徳も学びます。

大人には「いじわる」に見えるお姉さんの姿も、**弟への強い関心や、お世話をしたい気持ち**が根っこにあるのではないか、とも思います。

大人でも手こずる2歳の子に対し、お姉さんの手に負えなくなるときの対応が、大人には「いじわる」に思えるのかもしれません。

大人としては、子どもの年齢に応じた発達段階を理解する必要があります。まずは、お姉さんの弟の世話をしたいという気持ちをくみ取り、**「お姉ちゃんはやさしいね」**と認めましょう。**「弟は大事だよね」**とも話し、やさしい気持ちが持てるようにします。そのうえで、たとえば、おもちゃのあそび方を教えてあげる、いっしょに公園であそぶなど、弟とどう関わればやさしいお姉さんになれるのかを具体的に伝えます。

また、「弟はまだ小さいから、わがままなときもあるのよ、これは仕方がないことなの」ということも教えます。弟はもう少し成長すると、いろいろなことができる姉に憧れを抱くことでしょう。その日まで、**親をはじめまわりの大人たちには、きょうだいの関係を調整していく役割**があります。

23 叱られると傷つく子
―叱られることを乗り越えて成長する

Q

子どもは、いけないことをしたそのときに叱らなくてはいけないと言いますが、人前で叱るとひどく傷つくようです。こんなとき、どうしたらよいでしょうか。叱り方に悩んでいます。

A

人前で失敗したときのはずかしい気持ちを、心理学でいう「メタ認知」ということを紹介しました（145ページ「失敗するとふてくされる子」）。子どもがメタ認知を獲得する9～10歳くらいとされるので、この相談では、当たらないかと思います。

たとえば、4～5歳では人前で叱られる際に、まわりから注目されることをはずかしいと感じているのかもしれません。しかしそれで、自己評価を下げることはないはずです。子どもは成長の過程で、さまざまなことを学ぶ必要があります。**学ぶ過程では、達成感だけでなくはずかしい思いもします**。子どもにはもともと、その**はずかしさなどを乗り越える力が備わっています**。

それよりも、誰からも叱られることなく育つ方が心配です。自分のやり方でよいと思っていたのに、小学校高学年あたりでまわりから「ダメ」と注意される方がショックは大きいでしょう。メタ認知が形成されて、羞恥心が自己嫌悪につながる可能性があるからです。

24 体罰に悩む親
―子どもを叱るときの3点セット

Q

叱るときに手をはたくなど、軽い体罰（？）は効果があるのでしょうか。それとも、そういうこともしないほうがよいのでしょうか。体罰について、教えてください。

A

子どもを叱るときですが、**「はっとさせる」「注意されていることに気持ちを向けさせる」「その言動がいけないことを伝える」**という3点が揃わないと、メッセージは伝わりません。

幼児期ではことばの力が十分ではなく、そのために大人の説明ではわからなかったりします。そのときに「はっとさせる」などの3点セットを整えるために、**ポンポンと軽く手を叩くなどの合図**が必要な場合があります。

「危ないから○○をしてはいけない」という判断ができはじめるのは5〜6歳です。この年齢でも、衝動に負けやすく、とっさの判断はできません。このために、飛び出しなど危険なことをします。このときに心に深く刻み込ませるためには、大声で注意するなどして、ハッとさせることが必要な子もいるでしょう。

ただ、子どもは6歳前後になると道徳的な判断をするようになります。このために「体罰する大人は悪人」と思いはじめます。この段階に入ったら、子どもと極力話し合いをして、納得させるという関わり方が必要です。

25 ゲーム機を与えたくない親

―ゲーム依存にしないための約束

Q

まわりの子がやっているので、ゲーム機をほしがります。まだ4歳なのに、ゲーム機を与えるのは早すぎませんか。

A

医療機関を受診する、ゲーム依存症の子どもがいます。中学生くらいになると、ゲームの虜になり、昼夜逆転の生活となってそれが原因の1つで、不登校になる子がいます。年齢的に反抗期ということもあり、親も含めて大人の意見に耳を貸さなくなります。

ゲーム依存症を予防するために、たとえば20分、30分など、**「約束の時間でやめられること」「やってはいけない場所では禁止」**を守るように話します。それが守れなければ、**「お約束していたよね」「もう時間です」**といってゲームをやめさせます。

ゲーム依存の子どもの中には、人とのコミュニケーションや関わりが苦手な子が少なくありません。もしゲームをするときには、友だちと交代であそぶなど、**人との関わりを持たせるようにした方**がよいでしょう。年齢的には、集団あそびをしはじめる時期です。電子ゲームよりも、仲間とのあそびの楽しさにも目を向けさせたいものです。

26 子どもの前で夫婦げんかをしてしまう親

―夫婦げんか後のアフターケアが大切

Q 子どもの前で夫婦げんかをするのは、子どもの心に悪影響がありますか?

A アメリカのある研究によれば、子どもたちは、40分おきに兄弟げんかを起こしていると報告されています。

発達心理学では、頻繁に起こるけんかには、大きく2つの役割があると考えられています。

①けんかした相手と仲直りする方法を学ぶ

②自分とほかの人との考えの違いを理解する

夫婦げんかも、この2つの役割を持っていると考えられています。子どもは夫婦げんかから、両親の間には、ときに感じ方や考え方に違いがあることを知ります。このことは、たとえば将来、自分がパートナーを見つけ、つき合うようになるときに必要な経験となります。

夫婦げんかしたあとでも**必ず仲直りができるという姿を子どもに見せる**必要があります。

夫婦げんかした翌日などに、子どもが「けんかしたよね」と指摘し、この言葉がきっかけになって、家族でけんかの原因を話し、仲直りできたりします。早く仲直りしてもらいたい、という子どもの気持ちが夫婦の関係を修復する力を持っているのでしょう。

解題　あるいは、すこし長いあとがきにかえて

抑制力が子どもの学ぶ力を伸ばす

最近の発達心理学では、子どもの抑制力についての研究が取り上げられるようになりました。抑制力は、物ごとを学ぶ際に重要な働きをもつことがわかってきました。

1歳の子どもは、自分をじょうずにコントロールすることができません。しかし、1歳後半になってくると「手はおひざね」「待っててね」ということばを理解できるようになり、ことばどおりに行動できるようになります。もちろん、この年齢では、子どもの注意を引くものがあれば、動いてしまうこともあります。集中力、持続力ともに十分ではないからです。

それが6歳になり、学校に行くようになれば椅子に座って45分間の授業を受けることができるようになります。落ち着いて勉強できるようになる姿というのは、ある年齢になって急にできるように変化するのではなく、年月を経ながらじょじょに成長し、力をつけていった結果なのです。

子どもに、自分を抑制する力を身につけさせるためには、年齢に合わせた課題を与え、子どもができるようになったときには、それを認めるようにします。たとえば2歳の子なら、食事の配ぜんをする数分程度のあいだ「手はおひざ」で待たせたり、4歳の子は、「□□かもしれない」

ということばを理解し、自分の思いどおりの結果が得られなくても、あきらめたり、次の挑戦に意識を向かわせたりといった考え方の転換をさせたりしながら、心と体の抑制力を伸ばします。

また近年、教育学や心理学などの世界でも、学力だけでなく、自制心（がまんする力）、勤勉性（頑張る力、やり抜く力）、社会性（円滑に社会生活をおくる力）を伸ばすことが将来の安定した生活によい影響を与える大切であるといわれるようになりました。これらの力は、IQテストや学力テストなどではかられる能力とは別に、非認知的能力とも呼ばれ、子どもが将来、安定して充実した生活を送るために必要な力とされます。こうした能力は、ことばかけや子どものことばの習熟によって、乳幼児期から伸ばしていくことができるのです。

ことばと理解の成長

ことばの重要性は、誰もが理解しています。コミュニケーションをとるときに必要ですし、子どもの意思を確認する際にも大切です。子どもが質問したときに答えるときにもことばを使います。質問に答えることによって、子どもの理解を促すことができます。

言うまでもありませんが、子どものことばの力は成長するにつれ進歩していきます。そして、その進み具合には一定の目安があります。

たとえば大人は、2歳の子どもにむずかしいことをいってもわからないと感じます。しかし6歳の子どもが相手であれば、ときには大人同士のようなことばや文章で話しかけます。みなさんも自然に子どものことばの力を類推し、子どもが理解できるように、単語や文章を選び、またわかっていないときには言い換えなどの工夫をしていることでしょう。

一方で、子どもにあわせたことばかけができない大人もいます。これは少子化、核家族の影響もあるのかもしれません。少子化、核家族の環境では、子どもとコミュニケーションをとるといった育児体験が少なくなる可能性があります。それが急に大人になって、親になって子どもとコミュニケーションを取ることが求められます。

天性の才能がある人もいると思いますが、子どもとコミュニケーションをとることはそうたやすいことではありません。この本で示した、ことばの発達における年齢の目安は、大まかではありますが、参考になることでしょう。

社会化と年齢相応の振る舞い

この本では、自己形成の発達を目的とした子育てという大きなテーマをたてて、子どもにかけたいことばを紹介してきました。自己形成を考えるうえで意識したいことが、一つあります。それは年齢相応の振る舞い方で、自分の考えや思いを伝えられるようになることです。

たとえば、3歳の子どもは、ほしいおもちゃが目の前にあるときに「買って」と要求し、それが通らないと駄々をこねます。大人は、3歳ならば駄々をこねても仕方がないと考えます。そのうちにしなくなるという予想もつきます。

ところが、8歳の子どもが駄々をこねて要求を通そうとしていれば何らかの対応が必要と考えるでしょう。8歳よりも上の年齢であれば、大きな問題行動と捉えられるかもしれません。年齢相応に振る舞えるようになることは、「社会化」といいます。社会化によって、自分の感情をコントロールし、年齢相応に振る舞える力を獲得していくのです。

子どもはことばから「正しさ」学ぶ

また本書では、子ども自身に理解してもらいたい、また表現してもらいたいことばを紹介していきました。

そして幼児期の子どもが、ことば通じて何を学びたがっているのか、そして大人は何を子どもに教えなくてはいけないのかを、具体的なことばをピックアップして解説しました。

子どもの側からことばの役割を考えてみると、大人とは違った働きを持っていることに気づきます。2歳前後から、子どもは「できた!」と大人に報告します。それを聞いて、大人は「じょうずだね」「お兄ちゃんだね」「お姉ちゃんだね」などと答えます。その答えを聞いた子どもは、自分がやったことを相手から求められている「正しいふるまい」であることを学び、自分は認められたと実感します。

また、走るときに「手を大きく振って」「足をもっと上げて」といった指示を受けたりします。ふだんは無意識に体を動かすことが多いのですが、ことばで指示されれば、それに従って体の動かし方をコントロールします。

冒頭の「手はおひざ」も同じです。2歳前後の子どもは、自分で「手はおひざ」と言いながら、手をひざに置きます。ことばを使いながら、自分の体の動かし方を学んでいるのです。

４歳台になると、「どうして○○なのかな」とひとりごとをつぶやき、自問自答する姿が見られるようになります。人の内面に気づきだすとされるこのころ、ことばによって、子どもに考える力が身についていくことがわかります。

ことばの発達と理解力や適応力との間には密接な関係があります。自発的に質問して教えてもらったり、学校で勉強するようになるずーっと前から、大人とのやりとりのなかで、子どもはくり返し学習し、自分が所属する社会（集団、文化圏）で求められている言動を自然に身につけていくのです。

ことばが育つ環境

なお、ことばの発達では「言語理解が、言語表現よりも先行する」とされます。ことばがわかるようになってから、それを使えるようになるといえます。

ことばの理解力が育っているかどうかは、用事を頼んだり質問することで大まかな目安がわかります。ともすれば、表現力に目がいきがちですが、理解力こそ重要なポイントとなります。

ことばを話せるようになる前の子どもは、「あー！　あー！」といいながら指さしをします。それを聞いた大人は、「ワンワンだね」とか「飛行機だね」と答えます。子どもが見つけたものをいっしょに見つめながら、ことばを教えます。子どもは、ことばを教えてくれるその人を手掛かりに、世界を広げ、理解を深めていくのです。こういう子ども－大人－対象物の関係を、

「三項関係」といい、ことばを育てるにとても大切とされています。三項関係は、子どもと応答しあう環境でもあります。

自分でも言えることばが増えてくれば、子どもは大人に伝えようとしはじめます。そのときに、「そうだね」と答えてくれる人の存在が子どもの発達には重要です。子どもは「伝えられた」という体験を通しながら、コミュニケーションをとることに自信をつけていくでしょう。ことばを介しながら理解が深まれば、さらに知りたいという気持ちも高まるはずです。高まる好奇心は、学習にとって重要なモチベーションとされています。

そして、子ども同士でのコミュニケーションも忘れてはいけません。子ども同士の関わりは、興味の範囲を広げ、喜びなどの気持ちの共感を強めてくれます。そのことが、ことばの成長を促してくれるでしょう。

●「気質」「性格」そして「好み」

とはいえ、2人以上の子どもがいれば、おなじように暮らし育てられていても、一人ひとりの子どもは「個性的」です。兄弟姉妹を育てている方はよくわかっていることでしょう。このような違いを生みだすのは、その子のもって生まれた「気質」であるとされます。

のんびり屋、活発、物静か、あわてんぼう、怒りんぼうなど、個性的な子どもを表現することばは少なくありません。気質は、生涯変わらないとされます。のんびり屋さんの子どもをせかしても、素早くはできません。せかされることが続けば、それができずに自信をなくすかもしれません。反対に、もともとあわてんぼうのこどもに、ゆっくりやるようにいってもうまくいかないかもしれません。子どものもつ、それぞれの独自のテンポ（心理学では「精神テンポ」といいます）を尊重した関わりが求められます。

他方、気質と誤解されやすいのは「性格」です。性格は、人との関わりのなかで形作られるとされます。成育環境から影響を受けて、子どもの性格となっていきます。穏やかな人たちの中で育てば、穏やかな性格になる可能性が高くなるでしょう。一方で、感情をストレートに出し合う人たちのなかで育てば、それに影響を受けて感情的になりやすくなると思われます。

心理学では性格は変えられるとも考えられています。それは性格が、環境に影響されるからです。安定した環境で育っていけば、子どもの性格も安定することでしょう。

気質や性格と並んで、子どもの「個性」を形づくる要素として「好み」があります。子どもは、一人ひとり好きなことが異なります。好きなことが違うから、自分は人と違うという意識をもつようになるのかもしれません。

本書では、子どもの自己形成を助ける、「社会化」「抑制力」を促すことばを紹介していきます。子どもは個性的であることを理解し、成長にあわせてサポートすることによって、特別なことがないかぎりことばの表現力は伸びていきます。そうして適切に言語を獲得していけば、子どもの自制心、勤勉性、抑制力は伸びていくのです。

この本で取り上げたことばだけでなく、教えなくてはいけない、子どもに言わせなくてはいけないことばはあるでしょう。読者のみなさんが、そういったことばを「発見」されることを楽しみにしています。

この本が読みやすく、内容が伝わりやすくなったのは合同出版の山林早良さんと齊藤暁子さんのお蔭です。山林さんは自分も子育て真最中で、この本の原稿の熱心な読み手でもありました。具体的なヒントや助言も受けながらできあがったこの本は、山林さんとの協同作業が生み出したともいえます。心より感謝しています。

2016年4月　子どもの健やかな成長を願いつつ　湯汲　英史

そ〜っとね

◆参考になる本

○『孫の力――誰もしたことのない観察の記録』島泰三［著］、中公新書、２０１０年
○『「学力」の経済学』中室牧子［著］、ディスカヴァー・トゥエンティワン、２０１５年
○『乳児の対人感覚の発達』M・レゲァスティ［著］大藪泰［訳］、新曜社、２０１４年
○『ジャスト・ベイビー』P・ブルーム［著］竹田円［訳］、NTT出版、２０１５年
○『決定権を誤解する子、理由をいえない子』かもがわ出版、２００９年
○『子育てが楽になることばかけ　関わりことば26』湯汲英史［著］、すずき出版、２０１３年
○『気持ちのコントロールが苦手な子への切りかえことば26』湯汲英史［著］、すずき出版、２０１４年
○『０歳～６歳　子どもの社会性の発達と保育の本』湯汲英史［著］、学研、２０１５年

喃語が盛んになる

見立て（象徴化）が発生する

報告・確認のことばが出てくる
反対類推力がついていくる
ことばで気持ちを表しはじめる（社会化のはじまり）
「ここ、どこ？」に答えられるようになる
「なんで？」と質問するようになる

少人数であそぶ（協同あそび）
ままごと（役割あそび）をはじめる

アニメや空想の世界に熱中する
集団であそぶようになる

＊ことばの発達は、環境や時代背景などに大きく影響を受けます。
　獲得する語彙数やワーキングメモリの発達については、この表から省きました。

◆発達に応じた自己形成の目標とことばの発達

0歳

あやすと微笑む
人見知り・8カ月不安が見られる
共同注視が見られる

1歳……自己形成の目標：自分を発見する

社会的参照行動が始まる

「これ何？」「だれ？」に答えられるようになる

2歳……自己形成の目標：はじめて内部基準を形成する

喜怒哀楽がはっきりとしてくる
社会的承認欲求が芽生える
「できた」と報告する
見立てを言語化するようになる
平行あそびが見られる
体験絵本への関心が高まる

3歳……自己形成の目標：自分らしさを求める

「いつ？」がわかりはじめる
社会的承認欲求が高まる
「どうやって？」に答えられるようになる

4歳……自己形成の目標：競い合いを楽しむ

人のいやがることや、汚いことばを使うことがある
理由をつけて主張するようになる

お姫さまごっこ、ヒーローごっこから、劇あそびを楽しむようになる

5歳……自己形成の目標：道徳基準を自己に取り込む

うそをつくことがある

6歳……自己形成の目標：仲間の完成を自己に取り込む

感情をコントロールする力をつけはじめる

◆著者紹介
湯汲英史（ゆくみ・えいし）
言語聴覚士・精神保健福祉士
公益社団法人発達協会 常務理事
1953年、福岡県生まれ。早稲田大学第一文学部心理学専攻卒。
公益社団法人発達協会王子クリニックリハビリテーション室で、乳幼児〜青年期の発達に関する診察や療育をおこなう。また、保育園および学童保育巡回相談員として、現場で子どもや保育士・指導員などの相談に応える。早稲田大学非常勤講師。
著書に、『子どもが伸びる関わりことば26』（2006年）『感情をうまく伝えられない子への切りかえことば22』（2007年、ともにすずき出版）、「発達障害がある子の「生きる力」をはぐくむシリーズ」全3巻（2010年、明石書店）など多数。

■イラスト　池田八惠子
■組版　酒井広美

子どもがのびる　保育45のことばかけ
1歳からの発達に応じた関わり方

2016年7月15日　第1刷発行

著　者　湯汲英史
発行者　上野良治
発行所　合同出版株式会社
東京都千代田区神田神保町1-44
郵便番号　101-0051
電　話　03（3294）3506
ＦＡＸ　03（3294）3509
振　替　00180-9-65422
ホームページ　http://www.godo-shuppan.co.jp/
印刷・製本　株式会社シナノ

■刊行図書リストを無料進呈いたします。
■落丁乱丁の際はお取り換えいたします。

ISBN978-4-7726-1258-6　NDC376　210 × 148